U0750232

编委会

李国勤 方向明 苏峥嵘 海克梅 张进东 高天荣

编写人员

侯秀红 王雪梅 梁正文 刘忠 高天荣

李国勤 主编

让行动为梦想导航

——阳光家教 助力成长

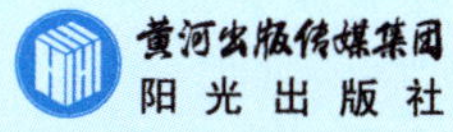

图书在版编目（C I P）数据

让行动为梦想导航 ：阳光家教 助力成长 / 李国勤
主编. — 银川 ：阳光出版社，2012.5
ISBN 978-7-5525-0168-1

Ⅰ. ①让… Ⅱ. ①李… Ⅲ. ①家庭教育 Ⅳ. ①G78

中国版本图书馆CIP数据核字(2012)第100537号

让行动为梦想导航——阳光家教 助力成长 **李国勤 主编**

责任编辑 冯中鹏
封面设计 千 寻
责任印制 郭迅生

黄河出版传媒集团
阳 光 出 版 社 出版发行

地　　址 银川市北京东路139号出版大厦（750001）
网　　址 http://www.yrpubm.com
网上书店 http://www.hh-book.com
电子信箱 yangguang@yrpubm.com
邮购电话 0951-5044614
经　　销 全国新华书店
印刷装订 宁夏锦绣彩印包装有限公司
印刷委托书号 （宁）0011511

开　　本 720mm×980mm 1/16
印　　张 15.5
字　　数 250千
版　　次 2012年5月第1版
印　　次 2012年5月第1次印刷
书　　号 ISBN 978-7-5525-0168-1/G·571

定　　价 25.80元

版权所有 翻印必究

编者的话

纵观人类教育发展史，始终不变的是：父母是儿女的第一任老师，更是终身的老师；家庭是人生的第一学堂，也是终生学堂。

中学阶段是人生观、世界观、价值观形成的重要阶段，也是一个人性格、习惯、品质养成的重要时期。伴随着青春期的到来，孩子的独立意识、逆反心理、偏激行为明显增强，若不能及时给予疏导与调节，就会对个人成长、家庭幸福、社会和谐带来一定的负面影响。如何让孩子青春不烦恼，平安走过“危险期”，已成为家长和老师必须面对的现实课题。

我校历来重视家庭教育，多次举办家庭教育讲座，经常与家长进行探讨交流，家校合作效果喜人。2011年被自治区妇联和自治区教育厅授予家庭教育示范学校，并被推荐为国家级家庭教育示范学校。为进一步深化家庭教育工作，全面推进学校内涵发展，在李国勤校长积极倡导和大力支持下，学校由政教处牵头，遴选在家庭教育方面有一定经验和特长的教师合作编写了这本家教读物。是希望家长用实际行动助推孩子健康成长，让家长在家庭教育中体验亲子快乐，提高爱的质量，发掘孩子潜能，让孩子在阳光家教中快乐成长、成人、成才，并使家庭教育与学校教育相辅相成、相得益彰，使孩子们能在中学这个关键时期健康成长，放飞梦想！也希望孩子们看到这本书，从中受到启发和教育，知道该怎样选择和坚持自己的人生道路！

在本书编写过程中，学校编委会多次召开会议研究指导写作中存在的问题，编者也根据自己的特长分工协作：梁正文、侯秀红、刘忠、王雪梅、方向明、海克梅、高天荣等老师参与了本书的编写工作。我们编写的这些内容作为中学生家庭教育的普通读本，大多是根据自己的教育感悟，借鉴家庭教育的一些成功案例，咨询同行们的成功经验，摘录学生的作文日记，就中学生常见的心理及行为问题，结合我们在和孩子交往过程中出现的一些具体事例，分析原因、寻找方法，为家长提供具有实践性和可操作性的教育建议，具有一定的可读性。但由于水平能力所限，缺点错误在所难免，希望各位家长及读者朋友在阅读和交流过程中批评指正。

2012年4月

序

孩子是家庭的希望，是家庭的未来，怎样把孩子教育好，培养成才，是每位做父母的都必须面对和思考的问题，人的成长离不开家庭教育、学校教育和社会教育，而家庭教育是整个教育的基石，在人的一生中占有非常重要的位置，家庭教育的成败直接影响孩子今后发展的高度和生活的质量。

蔡元培先生说："家庭是人生的第一学校。"父母是孩子的第一任老师，也是终身老师，教育子女是父母的天职，而且这种教育任何人无法替代。孩子的性格、习惯、兴趣爱好及人生观、价值观、审美观等的形成都与家庭教育密切相关，从这个意义上说家庭教育的质量和水准在一定程度上决定着孩子的未来。

虽然当下许多父母的知识背景与接受新知识、新事物的能力均已超过了我们的父辈，但是，社会的快速发展需要我们做父母的更要不断学习，与时俱进。鲁迅先生曾说："育孩子如同育花，精心浇花，施肥，呵护，方能成功，但事实上并不是所有人都能够养好花。不懂得就要向别人请教，学习养花的经验和艺术。"对孩子的教育要针对孩子的年龄特点和年级特点，选择最好的教育手段，如果孩子在这一时期从你的家庭教育中获得了健康的人格，可以独立自主地解决困难，自信地面对挑战，自觉地远离恶习，主动地承担责任，热情地投入生活，与同学友善相处……那么他一定会一帆风顺地走向成功的明天。

初中阶段和小学阶段相比较，孩子会遇到两方面大的问题，一方面学习的课程门类逐渐增加，内容逐渐加深，学习成绩分化日趋严重，学生学习呈现自觉性和依赖性、主动性和被动性相互并存的现象，这就需要家长在孩子的学习过程中，能引导孩子因“科”制宜，制定不同的方法，合理安排时间，正确处理好主与次、玩与学、发展兴趣与打好基础的关系。另一方面，到了初中，学生无论在生理还是在心理方面都处于特殊时期，表现出种种心理冲突和矛盾，诸如反抗性与依赖性、封闭性与开放性、勇敢与懦弱、骄傲与自卑、否定童年与眷恋童年等一系列心理发展的矛盾性特点，这是这个年龄的孩子即成熟又幼稚的基本特征。我们家长在教育过程中要很好地掌握孩子的心理特点和规律，引导孩子朝着正确的方向发展，做孩子的朋友，及时疏导孩子的情绪，帮助孩子保持健康乐观的心态，以便应对成长中遇到的诸多问题。

我校教师在教育教学过程中，针对初中阶段学生学业特点和学生年级特点的不同，进行了深入的调查研究，在实践中积累了许多宝贵的经验，现在我们将这些凝结着一线教师心血和智慧的经验编辑出版，提供给家长和学生，希望能够在家庭教育中为家长提供帮助，让孩子在初中阶段健康快乐地学习、进步、成长。

让我们共同用行动为孩子实现梦想导航！

李国勤

2012年4月

目 录

046 第四章 家庭教育要讲方式和方法

063 第五章 走进青春期

071 第六章 解读青春期

089 第七章 七年级学生行为习惯的培养

第一章　中国家庭教育概说

家是生命的摇篮，是人生的发源地，是劳动者的栖息所，是享受天伦的乐园，是培养人际关系的苗圃，是生命衰弱时的安慰和依托，是构筑社会的细胞，是教育发展的原点和基地，是人生自始至终的学校，是需文化和教育灌溉的精神花园，是需道德和爱心维护的生命驿站。她的存在和发展，与每个人的命运息息相关。

家——一种至浓至厚的情结

家，作为一个让我们深切呼唤的名词，从历史发展的深远背景中观照，可能没有任何一个民族能像中华民族那样对她有着至浓至厚的民族情结！因此，从古到今，无数的文艺作品如涓涓溪流流淌着中国人的乡土之情，各种节日（如气氛最浓的春节等）在纪念传统文化习俗的同时，也使亲人的关系更紧更亲，这样，就使家的观念及其承载的教育内涵便在人们的意识深处沉潜下来并传承下去。

在这方面表现最为突出的，却并非文艺和节日的纪念，而是仅为世界所独有的中国家庭教育的独特教材：祠堂、家谱、家训。

独特教材

祠堂 家谱 家训

祠堂　祠堂即为供奉祖宗灵位的建筑场所，也兼教育和家政的职能。在中国人的心目中，祖先是不死的，是值得永远感恩和纪念的，祖先优秀的传统是要传承给后代的，这就是孔子所说的“慎终追远”。同时，祠堂也是凝聚家庭成员精神的象征，因此，重要的祭祀或重大的家族活动都要在祠堂隆重举行，这样就使族亲们更加团结、和谐，而且进一步为家族的统一发展做好了铺垫。祠堂始于上古，贯穿整个古代社会，形成了中国历史家庭教育的一种特有的固定的形式——祠堂教育。

家谱　家谱即家族的历史。她也是世界上独一无二的文化现象，是一种特殊的私家历史书籍，她与国家的官方历史一道，共同构成了中华民族众彩纷呈的历史文化现象。她不但保留了家族历史的档案，还弥补了官方历史的缺漏，此其作用之一；同时，家谱记载家族亲情血统关系的传承，又把弘扬家道、光宗耀祖的精神灌输其中，尤其是家族史上取得良好社会地位和声誉的成员，自然成了后代子孙效法的榜样，当然这些人的个人价值是通过社会认可而被家族成员所肯定的，这样，他们便成了家族史上的丰碑，个人形象便变为一种精神的载体并不断在家族发展史上闪耀着光芒，激励着下一代为之奋进。从此意义上讲，家谱文化中潜藏着凝聚民族精神的教育，融化着爱国主义的教育。可见，家谱教育功能的影响是十分深远的。至今，中国民间仍流传着许多家谱史料，一些著名的历史人物如孔子、范仲淹等家谱史料尤为举世瞩目，有的家谱历史可追溯到上古时代，可见中国家庭教育的源远流长。

家训　家训是对子孙立身处世、持家治业的教诲，还规定了对典范优秀成员的奖励及对不肖子孙的惩罚。家训是中国古代家庭教育的“家常便饭”，家训体现了以“孝”为核心的中国文化价值观，几乎每个家庭和家族的家训都有与其自身发展相适应的丰富内容。如北宋著名爱国将领杨家将的一支后裔世居山西代县，数百年来，他们一直遵守祖先流传下来的家风家规，培养了正直、善良、勤劳、勇敢的群体风尚，创造了亲密祥和的生活气氛，约束了家族内部成员的不良行为，维护了优良的家庭传统教育。再如宋代《白苎朱氏谱》卷二，《奉先公家规》，明代的《了凡四训》《朱子治家格言》，著名的《郑氏规范》，清代咸丰年间制订的《湘阴狄氏家规》等，都有着适合本家族的规定。

中国人重视历史，重视文化继承，家训有着久远的历史，祠堂也是这种文化的物化形式。有的家训形诸文字记载，有的则以口传心授或其他方式传承，如岳母为岳飞刺于背上的“精忠报国”四字，就是一种特殊的家训。由此可见，古代中国，下自平民百姓，上至帝王将相，都被熏陶在浓郁的家训文化教育之中，家训具有浓厚的教育气息。

家庭教育与传统文化

从中华民族的“家业”能传承几千年的强大生命来看，她一定有黏合民族凝聚力的被“固化”的共同的精神实体，这个精神实体就是我们常说的中国传统文化，因此，丰富多彩的家训家规中都体现了中国传统文化的精神。

根据这种实际情况，又从方便国家教育的目的出发，便有编写家庭教育公共教课书的必要，于是，智慧的教育家便审时度势，顺应时代需要，为民族利益和国家教育着想，着手规范家庭教育，便有了宋代朱熹编的《小学》。

《小学》是适合那个时代人们的生活情况，而又不违背传统教育精神的家庭教育的公共教材，是每个家庭教育孩子的必教课程，当然，也是家长身体力行所要示范给孩子的标准。

清代教育家李毓秀发现《小学》里一些规定已不适应清代人的生活情况，因此，他又依据《论语·学而第一》里的“子曰：‘弟子入则孝，出则弟，谨而信，泛爱众，而亲仁，行有余力，则以学文’”的精神，结合当时家庭教育的实际需要，编写了《弟子规》。

如今，《弟子规》已成为传播海内外的家庭教育及中国传统文化教育最基本最实用的教科书。从这里我们看出，从古到今，随着家庭教育的逐步发展，家庭教育便从个体的家庭家族的狭小范围走向广阔的社会天地，逐步具备了社会教育的功能，古老的传统文化是家庭教育的宗旨，可见其根基之深，流布影响之广。

家庭教育与家庭结构

在古代，“家”是同姓宗族众多成员的聚合，所以家的成员数量众多，像《红楼梦》中所描述的贾氏家族有二百多人，它只是一个标准的家庭，并不是古代社会所说的“大家”，大多数家庭有五六百人之众，而有的家族成员甚至超过千人。

被称为明代“天下第一家”的郑濂家族，他们全族合灶共食，当时已有十一代之久，所以太守为他们题匾为“天下第一家”，目的是鼓励他们，同时也影响邻里向他们学习。明太祖知他治家有方，就出一道难题考验郑濂。一日，他把郑濂召到京城，问答应对后，送他两个河南进贡的香梨。郑濂拜谢，接受了梨子回到家里。太祖皇帝叫校尉暗地里跟他去，看他有什么举动。哪里晓得，郑濂一到家里，就召集全家一千多人，一齐出来谢恩。谢恩后，郑濂就叫人搬出两个

大水缸，放了两大缸清水，把大水梨一边一个敲碎，使整个果汁渗到水缸里去，然后每个人都分一碗梨水，全家人都得到皇帝的赏赐。太祖皇帝晓得这一回事，非常高兴。这就是历史上有名的“郑濂碎梨”的故事，也是我国古代“家”的状况的一个很有代表意义的范例。

从这里，我们会直观明显地体会到古代家庭教育的浓厚气息，也能体会到她所凝聚的强大的集体力量和家庭成员对她强烈的归属感和依托心理。古代的家，既是一个族群，又是一个社区，这样，接受其教育的家庭成员对国家的影响也就十分显著了。

所以，从远古以来，中国就有“欲治其国者先齐其家”的指导思想，而历史事实也十分有力地证明了这一点：自古忠臣出于孝子之门已成为不辩的事实。

随着时代的发展和社会的变革，现代家庭的格局已与古代社会大相径庭了。如今，古代以族为家，几世同堂的家庭规模已成为历史的陈迹，类似“乔家大院”所展示的“大家”风范，留给后人的只是对历史档案的实物观览。现代家庭被人们的意识形态切割成许多方便而实惠的“小块”，以三四人为单位的家庭遍布农村城市，从严格意义讲，已不存在三世同堂的家庭了，甚至完整的一世两世同堂的家庭也都很少了。

随着家庭结构的缩小，人们对亲情血缘关系的亲密感觉，以及对祖先的缅怀意识都无疑受到严重的冲击和淡化，因此，家庭教育中的伦理道德观念已十分淡薄，家庭教育的核心价值“孝”的教育被严重忽视，家庭教育的价值观已在人们头脑中模糊不清，因此，社会主义核心价值观很难在家庭教育中生根传播。在这种情况下，大多数家庭便很有可能只成为一个个经济生活的单位，而精神文化教育的内容就大打折扣了，毋容置疑，这就是我们现代家庭要面临的教育问题。

温馨提示

孝文化是中华民族珍贵的文化遗产，有许多具有深远的意义和宝贵的经验。新时期提倡和弘扬孝文化，就是要正确认识、研究和发掘孝文化，去其糟粕，取其精华，古为今用。

第二章　家庭教育的地位和作用

坐井观天，足见其心量之狭隘；鼠目寸光，足见其目光之短浅；智子疑邻，足见其心地之偏私。如果我们甘愿作茧自缚，以偏狭自私之心看待事物，我们就很难认清事物正确的一面，我们因此而有的想法做法也就无法有益于自己，我们也无法预见美好的前景，因为思想里的阴霾总是障蔽着我们智慧的阳光。对待家庭教育认识也是同样的道理。

我们只有拓开心量，拓宽视野，把家庭教育置于继承优秀文化的历史使命中去认识，把家庭教育置于广阔的社会生活中去思考，把家庭教育置于人未来发展的蓝图中去落实，并站在为国家为民族为人类才真正是为自己的人生高度去观照，我们才能比较全面正确地认识家庭教育的地位和作用，并遵循家庭教育的规律，以积极乐观自觉主动的意识去落实家庭教育。

这是一位四十多岁的妇女回忆抗战时发生在她爷爷身上的感人故事。当时，她爷爷是八路军的交通员（搞地下工作），八路军的一支部队将缴获日军的一批物资寄存他家，有十几麻袋。老人家也没有操心麻袋里装着什么东西，只是谨慎地看护着。战争年代，物资缺乏，老百姓的生活十分紧困。那时，她父亲是几岁的孩子，经常挨饿，当他发现自家有十几麻袋东西时，便不由自主地将麻袋剜开一个小洞——原来麻袋里装着纯葵花仁！当然，她父亲偷吃了葵花仁，这事很快被她的爷爷发现了。当爷爷发现公物被儿子偷吃时，他严厉地教训了儿子并反复训诫了八路军不拿群众一针一线的铁的纪律。从那以后，他的父亲连看都很少看那些东西。她的爸爸从爷爷那里继承了不占“公家”便宜传统，父亲又把这个观念灌输给女儿，她因自己有正直的前辈而感到自豪，对自己接受的良好家庭教育感到充实和快乐。

可见，站在一个怎样的高度，以什么为出发点，是否能预见家庭前景的光明，是我们看待和实施家庭教育必须参照的因素，家庭教育如果没有肥沃的土壤，就会丧失根本，走向衰败。中国人早就有“富不过三代”的总结，而现代社会，富不过一代甚至几年的家庭也比比皆是，其实，这都与家庭教育根基的深浅有着紧密的关系，所以我们愿不厌其烦地向家长朋友絮叨：

要有强烈的家庭教育意识，不要把家庭弄成一个只是吃喝拉撒的地方。

家庭教育联系要广，要把家庭教育与国家民族的利益连接起来。

家庭教育预见要深，要能预见影响家庭未来发展的潜在因素。

只有这样，我们才能在正确认识家庭教育地位作用的基础上正确实施家庭教育。

家庭教育养护亲情快乐

严格地讲，一个健康的人，一定是一个快乐的人。人的快乐多种多样，但有一种快乐是人生中至关重要的，她对健全人格的形成影响极大。其他方面的快乐可以不要或少要，但这种快乐少了或丧失了，就很有可能带给人心理的扭曲和变形，她，就是亲情的快乐，因此作为亲情发源地的正常家庭，她首先要养护亲情带给人的快乐。

如果家庭教育是一种生命，那么爱就是家庭教育的养分。鲜活愉快的人生，“爱”的家庭教育为其供给了充分的养料。在家庭教育中，爱的教育常表现为柔和之美，她如和煦的春风温暖着人的心田，带给人身心的明朗与和谐，所以，在家庭中汲取了足够的爱的养分的成员会春风满面，精神饱满，充满活力，这种现象在孩子身上尤为明显；相反，那些遭受家庭成员粗暴对待或冷漠处理的成员，则会显得消沉低靡，这种现象在孩子身上最为明显，尤其是那些失去正常亲情关爱的孩子更为突出。

我们从这种鲜明对比中看到，一个家庭要发挥其正常的功能，就应该在其中酿造爱的蜜酒，让每个成员生活在爱的芬芳中，家庭应毫不含糊地肩负起养护亲情快乐的天然责任，如果长期坚持下去，就能在快乐和谐的状态中促使家庭成员健全人格的形成。

● 重温动人的诗篇

《游子吟》是无数中国人熟知的诗篇，是发自孝子肺腑深情。“慈母手中线，游子身上衣”，只是无数生活细节中的一个片段，像这样的慈母关爱儿女的细节不知有多少！母亲的关爱之情不就如游子身上的丝丝缕缕吗？在那个夜晚昏黄的油灯下，慈祥的老妈妈可能已经老眼昏花，连针线都难以穿中了，然而她还是用那枯干的手指抚平儿子的衣角，细细实实地缝补着！儿子没有打扰母亲，可能只是静静的端详着她，他知道此时妈妈已在挂念儿子何时归来。他也不劝妈妈早点休息，因为此时此刻，他知道妈妈最需要的是为临别时儿子再倾注些爱的暖意，只有这样，妈妈的心里才舒服——妈妈是多么愿意把爱的暖流绵绵无尽的流向儿子的心田啊！

这是慈母恋子的图画，也是孝子感亲的心曲。她把母慈子孝的美好亲情凝炼在简洁明了的诗句中，在无数的生活细节中找到了最有代表性的“定格”，让她印在人心灵的深处，闪耀着人性的光芒，流溢着亲情芬芳，成为永不磨灭的印象。

● 情味绵长而醇香

良好的家庭教育所养护的亲情快乐确实是绵长而醇香的，她能打破时空的界限，她能抚平岁月的棱角，所以，“母活一百岁，常忧八十儿”，在母亲的眼里，八十老翁的儿子仍是未长大成熟的孩子。所以古代孝子老来子，直到年迈苍苍时，仍想各种花样逗双亲开心乐呵！那种既天真而又淳厚老练的情愫真是我们很难体会的人生境界。

晚清“重鼎”大臣曾国藩，每次回家省亲，老母亲总是要挽着“老儿子”走出庄院许多路程，边走边絮叨，仿佛送着刚走出家门到远处的游子一般。试想，让时空的摄像机拍摄下这一对母子的剪影，看他们点缀在风景秀丽、空气清新的湖南乡村山路上，会是多么感人的画面！

许多人熟知的《傅雷家书》更像一条涓涓的亲情爱流，让我们体味到一位常怀舔犊之情的父亲对爱子无尽的眷念和庇护。

傅雷和傅聪父子，不但是生活中的朋友，而且是艺术研究上的知音。傅雷以自己深厚的学文，真挚的父爱，通过书信的方式对儿子的生活和艺术修养进行悉心指导……

这些家书凝聚着傅雷对祖国对儿子的浓厚的爱。信中首先

强调的是一个年轻人如何做人，如何对待生活的问题。傅雷用自己的经历现身说法，教导儿子待人要谦虚，做事要严谨，礼仪要得体，遇困难不气馁，获大奖不骄傲，要有国家和民族的荣辱感，要有艺术人格的尊严，做一个“德艺俱备、人格卓越的艺术家”。同时，对儿子的生活，傅雷也进行了有益的引导，对日常生活中如何劳逸结合，正确理财，以及如何正确处理恋爱婚姻等问题，都像良师益友一样提出意见和建议，拳拳爱子之心溢于言表。

我们不难想象，傅雷对儿子的亲情之爱时时闪烁着抚慰理解、交融共鸣的智慧火花，人生道路上有如此的亲情之爱保驾护航，生命定会满载成功的佳酿。

附：严是另一种养护亲情快乐的营养

如果家庭教育是一种生命，那么，除“爱”之外，还有一种与“爱”同一实质和目的却面目不同的“营养”——她不是阳光和甘露，而是严谨和追求——“严”，其实，这也是一种爱，为生命所必需。生命的成长，健全人格的形成是这两种“爱”共同酝酿的结果，其中后一种成就人的坚强和才干，也是我们必须认识的问题。

“严”的教育适用于教育的各个层面，但其重要的发端和保证她在其他教育层面落实得顺利的基础仍是家庭教育，关于这一点，《大学》里早就给世人以警醒：她“人莫知其子之恶，莫知其苗之硕。”人由于存在着严重的“私爱”之心，所以很难认识或根本就不愿意承认自家孩子的过恶，但由于贪多恶少，却总觉得自家财物不如别人家的丰厚。显然，她是提醒我们防止因自私而对孩子产生错误判断和护短，否则就会搞类似“智子疑邻”的愚昧荒唐，甚至因溺爱和偏袒而酿成大祸。那么，戒备这种过恶的唯一方法就是从严要求孩子。

提倡“严”的教育，防范缺失只是其基本要求，更为重要的是为了凝炼人的品质，提升人的境界。

“孟母三迁”，“子不学、断机杼”的故事早被历史公认为成功的教育案例，后来，“乐羊之妻”为丈夫表演了类似的教育范例，以“大义”的力量感化了丈夫转变自己的观念和行为，向人生高品质的境界迈进。

台湾女作家林海音在回忆自己面对人生的种种不幸而能沉着应对时，对在自己十几岁时就因病去逝的父亲满怀着眷恋和敬意，因为她的童年、少年都在父亲严格的要求下成长。虽然家庭条件不错，但父亲从不允许她坐车去学校。

有一次，她因赖床而想放弃去学校，出于孩子的单纯与顽皮，她竟呆在被窝里不动，没想到父亲毫不客气严厉地惩罚了她。咻咻的鸡毛掸子抽打得她火辣辣得疼，并留下了一道道紫青的伤痕。自然，她伤心地哭着，破例坐车去上学。从那次教训后，小学六年她再没有迟到过，并成为每天早上第一个到学校的学生。

平时，当她遇到一个孩子力所能及而别的孩子都依靠大人去做，她当时也感到为难的事时，父亲总会说“闯炼、闯炼”，硬是“逼”着她独立完成任务，当完成任务时，每次她都获得“闯关”成功的快乐。

就是在这样的家庭环境中，她被父亲教育得比许多孩子坚强得多，在她小学刚毕业的时候，正需要父亲的爱呵护的她实然要失去父亲了，但此时此刻的她，面对家庭的巨大变故，却突然感到：“爸爸的花儿落了，我已不再是小孩子。”

在苦难降临到家庭时，她没有成为要靠母亲爱怜的泪孩儿，而是成了为母亲分忧解难的“小大人”。随着年龄的增长，她毅然成了家里的顶梁柱。严格的家庭教育，为塑造一个生活的强者，为教育一个对人世间产生深刻体悟的作家打下了坚实的基础。

家庭教育显现道德力量

良好的家庭教育养护着美好的亲情快乐，美好的亲情快乐促使着健全的人格形成，健全的人格又能显现出震撼人心的道德力量！

西晋朝李密，曾作过蜀汉尚书郎。晋灭蜀汉后，李密正居家奉养祖母。当时祖母已96岁高龄，重病在身“常在床蓐”。李密侍候祖母疾病，十分勤恳谨慎，日夜衣不解带，孝顺的馨名远播。当时地方官特别敬仰推崇他，曾一度推举他为“秀才”，朝庭又下诏授他郎中官职，很快又迁升为太子洗马的要职。对一般人而言，这可能是天大的喜事，但对李密而言，却成了他至极的烦恼。因为他的人生经历早已让他把祖母的生命置于至高无上的地位了。原来他自幼就失去父母之爱，一直是祖母点点滴滴亲自扶养他长大，他又无叔伯兄弟，只能和祖母形影相吊，相依为命。如今，祖母重病缠身，“日薄西山，气息奄奄，人命危浅，朝不虑夕”，他悲切地想着“臣无祖母，无以至今日”；又想着“祖母无臣，无以终余年”。但郡县州司“急于星火”般地逼迫他赴任，情不得已，他便向晋武帝上了《陈情表》，以至诚之心向晋武帝倾吐了自己的心曲。精诚所至，李密的真诚之心不但得到了晋武帝的体谅和嘉奖，而且还得到了皇帝的支持帮助，皇帝特意派了两个服务人员帮助李密为祖母尽孝。

李密在《陈情表》中所流露的对祖母的一片赤诚孝心和悲悯之情，读之感人至深，沁人心性，千百年来引起无数读者的情感共鸣，因此，早就流传着读《陈情表》不哭者不孝，读《出师表》不哭者不忠的说法。的确，稍能深入体味当时作者的心境，我们也一定会为之动情，可见这种亲情之爱已成为一种深沉的道德的力量，千百年来感化着人的灵魂。

时代发展到今天，中华民族亲情之爱的光芒仍熠熠生辉，在“感动中国”或“全国道德模范”评选活动中涌现出的孝老敬亲代表人物，是对亲情之爱成就幸福人生的最好诠释。他们或将完全丧失自理能力的亲人照顾得无微不至，或以损耗自己生命的能量为代价挽回亲人的生命，或以至诚的爱心唤醒亲人沉睡的生命，或以超过常人难以负担的艰辛庇护着亲人的安宁和生存……他们有男有女，有老有少，有不同的民族，来自不同的行业，老者年过六旬，少者仅有十几岁！总之，他们每个人都以实际行动证实着亲情之间至亲至爱所流露的人间最美的善良。

家庭教育助力学校教育

多年的教学经历告诉我们，学校里的好学生一般都是家庭中的好儿女。在学校里，这些学生不但懂得勤奋学习，而且还有很多能自觉地尊重老师，友爱同学，以宽容和理解处理同学间的矛盾，从而赢得他人的喜爱和老师的肯定。相反，那些各方面惹老师头痛的问题学生，一般也是家庭中的“叛逆”儿女。

在学校里，这些孩子没有学习目标，不愿体会感受父母的付出和老师的教育与关爱，做事、学习缺乏责任心，敷衍塞责，生活学习习惯差，怕吃苦，少耐心，行动很容易散涣，精神萎靡，喜偷懒安逸，喜吃喝享受或嗜好不健康书刊、游戏及网络等。

总而言之，他们对生活学习、做人做事都没有真正的爱心，人生充满着消极与愚昧。这样的学生，都因不良的家庭教育或家庭管理不严所制造。他们走进学校，也意味着把所有的问题抛给了老师，而处于教育管理前沿的老师不得不面对这些学生，很多情况下，教师费了九牛二虎之力，而最后以失败而告终。

因为从情理上讲，一个不听从家长管教的孩子也是不会真正

接受教师管教的，如果说教师的管教有效果，那只是表面的暂时的而非实质性和长久的。从生命信息（遗传）的传递，亲情关系的感染影响，物资给养的供给，日常生活的点滴示范等方面看，家长都有着教师所不可代替无法比拟的地位和作用，因此，家庭所营造的良好教育是教师继续教育的坚实铺垫，而家庭的劣质教育则是教师继续教育的严重阻碍。

可见，家庭教育的重要性。

家庭教育影响社会和谐

当家庭或者家庭教育出现严重问题，而学校教育作为缓冲的层面又对问题无法承受解决时，问题自然就流向社会。一位监狱的领导人曾说，监狱里百分之六七十的人都来自不健全的家庭。因为家庭不健全，孩子从小没有好的家庭教育，导致人生的根基不扎实，所以受不良诱惑，犯罪的可能性就很大了。

试想，这些因家庭教育出问题而造成的犯罪率增大，将会给国家治安和他人的生命财产安全带来多大的危害！家庭这个基础不稳固，人的安全感就很难稳固！我们可以想象，随着离婚率的攀升，青少年的教育问题将使社会治安人员深感头痛。

接受不良家庭教育者在危害社会的同时也使自己受到了严厉的惩罚，当然，也使社会教育在动用最后一招时而面临了迫不得已的尴尬，因为任何一种文明的社会制度都不愿把法律的实施作为自己的本领炫耀！

我们从这种互相影响中能体会到家庭教育作为基础教育对社会和谐的影响。家庭教育搞得越好，社会就越安定祥和。具有良好教育的家庭，往往会成为周围群众的亮点，会成为社区一道亮丽的风景和学习的榜样。

北京市有一位名叫张选的亿万富翁，夫人谷爱玲。夫妻不但事业蒸蒸日上，而且家庭也经营得一团和气，充满温馨。他们本是山西大同人，都是从有着淳朴家风的家庭中出身的中国农民。夫妻结合后，他们同心同德，从经营煤炭贩运的小本生意开始自己的事业。至今，他们已成为拥有4亿多资产的富翁。但是和中国发展时期许多发家致富的创业者不同，日益增多的财富没有使张选丧失祖辈教给他的淳朴品质，没有使他沾染任何不良习气，而是以更淳厚的仁爱之心回馈社会。

平时，他们夫妇生活十分节俭，张选穿了好多年的旧皮鞋是夫人谷爱玲强制换掉的，而他的妻子平时身上只带着一点零花钱，不愿意乱花一分钱。但他们的企业承诺每年为国家捐建一所希望学校，捐建的学校都是张选总裁亲自考察，落实施工。

除此之外，他们还尽力帮助穷困的人，一旦获得信息，他们总会伸出援手。当然，在家中，对上，他们是孝养父母的表率，对下，他们是教育儿女的典范。不但与双方老人同居一处，而且由夫人亲自照顾老人的生活起居。夫人很会揣摩老人生活和精神的需求，常常使老人的脸上绽放着灿烂的笑容！许多人亲切地称谷爱玲为“谷大嫂”，每一个走进谷大嫂家的人，没有一个不感到其乐融融的。

在尽心孝敬老人的同时，谷大嫂还耐心教育孩子健康成长。在孩子成长过程中，她意识到，生活条件优越容易使孩子好吃懒做，骄慢腐化，所以，她毫不客气地对自己的子女进行严格要求。首先限制花钱，让他们能知足；其次经常把孩子带到养老院、孤儿院和一些贫困山区做献爱心活动，让孩子了解社会上还有许多生活穷困、需要扶持救济的人群，让他们设身处地在感受自己幸福的同时对他人产生同情和爱心。

在谷大嫂的耐心引导和教育下，她的孩子越来越懂事，不但自己能过节俭的生活，而且常常帮助他人，把“爱人”之心扎进了心灵的深处！一次，在临近过年的腊月，由于家里亲戚多，谷大嫂想多配几把钥匙，让大家都能方便出入。那天天气寒冷，她和女儿一起上街，遇到一位在寒风中摆摊的配钥匙的老太太。谷大嫂问价格，老人回答每把15元，这时，谷大嫂不由得嘀咕起来：“快过年了，好像啥都抬价抠人，连配钥匙都要每把多涨5元，太贵了……”谷大嫂为人心直口快，就想一溜地说下去，正在这时，女儿赶紧把她拽到一旁低声说：妈，你咋犯湖涂了！你平常不是说献爱心吗，献爱心就一定要有个名堂吗？眼前不就是我们帮助人的机会吗？你看天这么冷，老奶奶挺可怜，你多给她几块钱又咋了？女儿说到这儿，谷大嫂恍然大悟，很爽快地以每把20元的价格给了这位老奶奶配5把钥匙的钱。当谷大嫂说起这件事时，她自豪地说，是聪明懂事的女儿教育了她！

成才就是考上好大学或成为高层次文化的科技人才吗？我们不能简单地回答这个问题，因为成才与任何事物一样，都需要与之相应的各种条件共同组成，绝不是只有学业能力，而其他如品德、身体素质、适应环境能力、生活能力、社交能力等方面的严重缺乏，尤其是道德素质，较好的道德素养是一个人应该具备的条件，这就是我们为什么要提倡素质教育的原因。

真正的人才需要德智体美等综合素质的和谐发展，否则，人的发展就会走向畸形。这种人往往表现为高分低能或有才无德，尤其是有才丧德的人，对社会的危害更严重。

考上好大学就一定能成才吗？这与家庭教育有一定的联系吗？我们倾注了心血将儿女送上大学就以为儿女已成才，可让自己放心的家长，是否要慎重地思考这个问题呢？

2004年，发生在云南大学的马家爵杀人案，在教育界震撼很大。同舍的四个同学丧生于马家爵之手，显然，马家爵做出丧失人性的事情。但有一个同学幸免逃过一劫，原因是他曾经主动帮马家爵盛过一次饭，马家爵记在心上。

我们不难想到，学会如何与人相处是家庭教育实践于家庭成员之间的最基本课程，“孔融让梨”“黄香温席”早被传为家庭教育的佳话，这种礼让孝敬的教育在家庭扎下根基，长大后孩子走向社会，自然会把这种良好的品质迁移于他人，懂得关爱他人，与人和睦相处，从而避免人生的许多矛盾和冲突，化解不幸和灾难。

在传授高科技的云南大学，不可能教学生“洒扫应对”，因为，她是基础教育早就应该完善的课程！由此可见，马家爵等人的悲剧，其根源在于最基础的家庭教育出了问题。如果他们从小就接受了宽容等的教育，马家爵就不会遭受让他难以忍受的讥笑辱骂，他的怨气就不会积攒到让他丧失理智的地步。

马家爵记着只给他盛过一次饭的那位同学，说明每个人都有良知，再恶的人也记得别人对他的好处，这更说明马家爵致其他四人于死地，他内心的怨恨之深之切，已到了极限。祸患的酿成，仅仅是他一个人的责任吗？当然，如果任何一方确有深厚涵养和宽容，不做对立的一面，矛盾就不可能产生，就更谈不上激化了。

从这里，我们也同样看到，在他们身上，良好的家庭教育没有任何积淀，有的只是恶习的蓄积！

像这样的人才毁于何由？我们敢保证考上大学就成才，考上高分就万事大吉吗？我们眼里只盯着分数，把教育责任全部推向学校，而忽略孩子成长更需要家庭教育对其品德的培养，孩子未来的前景会有多好呢？

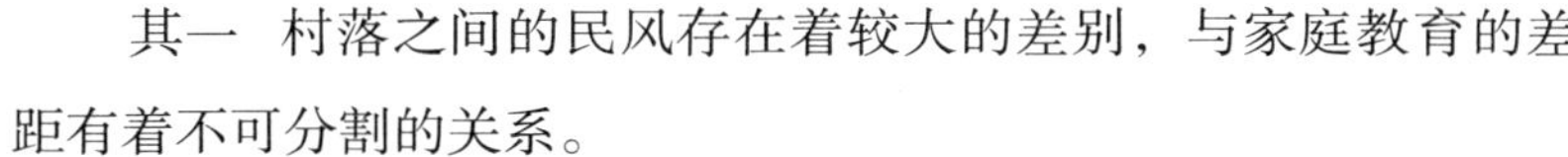

其一　村落之间的民风存在着较大的差别，与家庭教育的差距有着不可分割的关系。

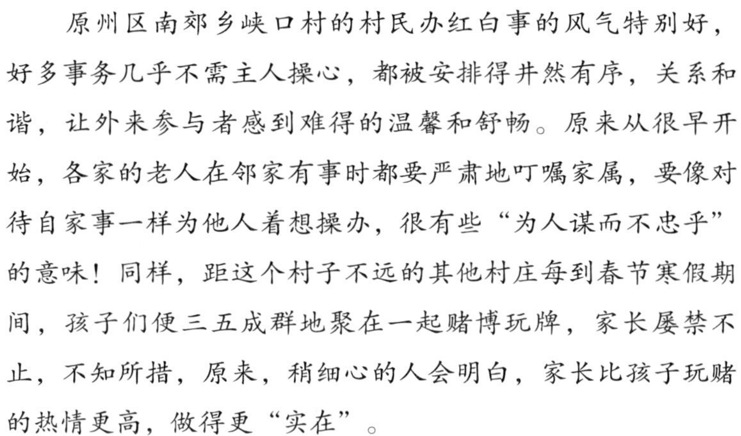

原州区南郊乡峡口村的村民办红白事的风气特别好，好多事务几乎不需主人操心，都被安排得井然有序，关系和谐，让外来参与者感到难得的温馨和舒畅。原来从很早开始，各家的老人在邻家有事时都要严肃地叮嘱家属，要像对待自家事一样为他人着想操办，很有些“为人谋而不忠乎”的意味！同样，距这个村子不远的其他村庄每到春节寒假期间，孩子们便三五成群地聚在一起赌博玩牌，家长屡禁不止，不知所措，原来，稍细心的人会明白，家长比孩子玩赌的热情更高，做得更“实在”。

其二　民风不同，与家庭教育内容的不同也是分不开的。比如，教礼让的家庭教育与教竞争的家庭教育怎么能酝酿同一种民风呢？古代的民风与现代的民风不同，已是不辩的事实，中国“礼仪之邦”的传统风尚面临着严峻的考验，当然这是多种因素所致，但能说与家庭教育毫无关系吗？家国一体，家国一理，荣者俱荣，损者俱损，这让我们不能不想到、关照到社会的基本单位——家庭。

其三　家庭教育的影响“流入”社会，自然就成了影响社会风尚的因素。因此，良好的家庭教育，自然会起到美化社会风尚的作用。自古以来，政府都重视对家庭教育的评价，在这方面，领导者率先示范“以孝治天下”，希望将“孝”的教育落实到千家万户，而对不孝者予以严厉的处罚，这是中国古代重视家庭教育影响社会风尚的最重要的举措。

现在，国家对“孝老敬亲”道德模范的推荐选评，对养老社

会保障机制的不断健全等，同样也是政府重视家庭教育对社会风尚产生重要影响的举措。

家庭教育在养护亲情快乐，培养健全人格，孕育淳朴民风，美化社会风尚方面有着重要的作用，这个作用力量的来源就是爱。家庭教育是教育的一种，其实教育的实质没有别的，是对爱的传播。从这里，我们可以想象教育职责的神圣和伟大，教育情境的优美和温和，教育效果的幸福和快乐，当然，我们也必须清醒地认识这种爱不是情爱，更不是溺爱，而是一种被净化和陶冶了的人类美好的情感，是严慈相济的平衡与和谐，是人的行为最为恰当的“黄金分割”，是将酸甜苦辣调融到最适合人的口味的一种“饱合状态”……

家庭教育孕育历史伟人

● 德之至也

所谓伟人，无一不是对历史有着巨大贡献和深远影响的人，历史在反复地证明着这样一个普遍道理：几乎每一个伟人的背后都深深地镶嵌一种常人所不具备或差别很远的优良的家庭教育。

上古时期的舜，被列为二十四孝之首，他是典型的在逆境家庭环境中成就了至善人品的代表。他以超越常人的宽容、善良及智慧感化了想要置他于死地的父亲及后母母子，构建了和谐美满的家庭。他的事迹同样也震撼了远方近邻，很快传遍天下。尧以睿智的眼光断定他能“齐家”，必有能“治国”“平天下”的本领，所以把民族发展的重任托付于他。中华民族“九洲”的政治蓝图从此流传后代。

中国几千年的历史中，周朝八百年首屈一指。周朝历史

悠久，国运昌盛，与这个王朝的建设者其优秀的家庭教育有着密不可分的关系。

周文王诞生的时候，他的祖父觉得这个孙子有帝王之相，有圣主之相，但他的父亲排行第三，按传长子的传统，王季不能继承王位，也就意味着王位继承权不能落到这个孙子的身上，所以，他当时虽然很喜悦，但又心生为难。没料到这些都被善体父亲心境的泰伯看得一清二楚，所以，有一天，他不声不响地趁着要去帮父亲采药的理由，跟他的二弟仲雍相约上山，去了以后就再也没有回来，当然是希望父亲能够好做事，顺理成章地将继承权交给三子王季，实现传给文王的愿望。可见，这个家族的教育精神是孝悌礼让。天下都能让出来，这个行为成就了孝道，善体亲心，圆满父亲的心意。当然，不只让出了孝道，还让出了兄弟的友爱，连天下都能让，还有什么不能相让？

这一让是真正的德行，真正的家风。所以孔子赞叹泰伯、仲雍是“德之至也”。

● 上行下效

由于泰伯、仲雍的榜样作用，周文王对自己的父亲王季也是孝顺备至。他对父亲每天早上、中午、晚上三次问候，一是看父亲的气色，二是看父亲吃饭的情况。假如父亲进食很良好，他便非常欣慰；假如父亲吃得很少，他就很担忧。由于有这样的身教，所以他的儿子武王、周公也学得很好，周武王对周文王也非常孝顺。有一次周文王生病，周武王服侍在侧，十二天没有宽衣解带。

当人民看到自己所崇敬的前辈这样孝顺，会很感动，会起而效法。所以《大学》里面说“一家仁，一国兴仁；一家让，一

国兴让。”他们的礼让带动了全国人民，很多纷争的事自然就减少，社会自然安定祥和。

除了周武王承传了周文王的孝顺，周公也承传了他的祖辈泰伯仲雍的悌——兄弟的友爱。有一次周武王生病了，周公就在他们祖宗的面前写了一篇祈祷文，祈求折掉自己的寿命，让他的兄长可以延寿。……周武王去世后，他又辅助武王儿子周成王治理天下……

由于周朝初期几代领袖对孝悌家教精神的认真实行和承传，使这种精神成为一种牢固的传统被继承下去，从而维护了周王朝的长治久安，为历史留下了罕见的光辉篇章。

● 后继有人

周朝末年的春秋时期，出现了一位在中国历史上对华夏民族的性格和气质产生很大影响，特别是影响着中国的知识分子、对人类文化教育作出巨大贡献的伟人——被后人尊称为圣人的孔子。

孔子的母亲颜氏家族，在考察孔子家几代人都流传良好品德的家庭教育后，决定把女儿颜氏徵嫁给孔子的父亲叔梁纥。孔子出生三岁时，父亲去逝，培养教育孔子的重任便全落在了母亲的身上。孔子很小时，母亲就经常给他讲故事：从盘古开天地，女娲炼石补天，讲到尧舜禹禅让，大禹治水，文王演《易》等。一天孔子听母亲讲了周公吐哺，制礼作乐的故事，非常认真地说：“周公太好了，娘，我长大了也要当周公那样的人”。

在母亲的引导教育下，孔子从小便树立了崇高的人生理想，可见，他后来取得的伟大成就是母亲的引导教育的结果！孔子之后的孟子，更是家庭教育成功的典范！

中国古人对历史的追念，对传统的继承，对文化教育的崇尚

与尊敬，不是任何一个民族所能比拟的，春秋战国以后，不知有多少历史的巨子，时代的佼佼者都因受良好的家庭教育而脱颖而出。

大家所熟知的“精忠报国”的岳飞，四岁丧父，受母亲训导，受父亲做官的廉洁的品质深刻影响，在下大雪的夜里母亲用荻草的梗教他学写字的大文豪殴阳修，父亲早逝，被家族遗弃，而又受温文宽厚的母亲的教诲，不忘周济族里老弱贫困，“先天下之忧而忧，后天下之乐而乐”的范仲淹，都是良好家庭教育成就的巨人。

有着良好家庭教育的林则徐，十几岁就背完了44万字的四书五经，成就了心灵最精华的沉淀。十岁时，父亲背着他走进考场（林则徐骑在父亲的脖子上）。考官一看怒言：“大胆，子将父作马！”儿子怎么能把父亲当马骑啊！这是考官出的上联，林则徐马上就回答：“父望子成龙。”下联出来了。考官又出一联“海到天边云作岸，”林则徐立即对道：“山临绝顶我为峰，”真是气慨非凡。后来他成为国家栋梁，对国家有益，对民族有益。林则徐在晚清衰败的时候，给国家和民族的尊严增添了不可磨灭的光彩。

最为我们敬佩的毛泽东主席，他老人家有一个虔诚信奉佛教，内心充满慈悲、宽容、忍耐和奉献精神的伟大母亲。从小，母亲的善良品性以及贫苦生活沧桑岁月带给母亲的辛劳和痛苦都深深地教育和影响着年幼的毛泽东，成就了他拯救如母亲般善良而贫苦的天下苍生的远大理想！一代伟人有着伟大贤德母爱的深厚滋养！

自古及今，优秀的家庭教育为孕育伟大的历史人物所做的奠基作用是任何人都无法否定的。

正规教育，是从一个个家庭里把六七岁儿童分批汇集到学校充当学生的。因为家庭环境千差万别，所以养育出了千差万别的孩子。千差万别的孩子同时被学校录取变成千差万别的学生。通过十几年的学校考试加工，千差万别的孩子被老师教育成可以参加各级各类考试的学生。

千差万别的儿童，通过一模一样的标准教育，加工成学生，因为教育起步之时，学生都是父母在家庭中养育过的儿童，学生没有能够像鸡仔鸭仔一样，出生后被立即集中到学校群养，所以，学生不能够摆脱家庭环境的千差万别影响。学校不能建立起集约化的养殖业式教育，就永远存在千差万别的“学苗”差异，所以，当今学校，把来自千差万别家庭的学生分成“好学生”与“差学生”，这不过是儿童所在家庭环境氛围所决定的，而家庭环境都是父母在有意无意之中为孩子创建的。

观察分析学校和学生我们就会发现，“好学生”和“差学生”的学习成绩排位变化一直不大，这恐怕是随孩子当学生，父母变成“家长”的结果。孩子上学，使父母们都转变自己为教育消费者身份，家长本质上只是学校教育的消费者，可“好学生”与“差学生”的家长却为学校干着完全不同的差使。

“好学生”父母深受学校和老师尊重，“好学生”父母当家长没有不良感受，“好学生”家庭环境和谐依旧，“好学生”因获得好的学习成绩而得到荣誉和快乐，所以，“好学生”都适应学校的环境，积极主动地学习功课……这是教育的良性循环。

“差学生”的家长深受学校和老师歧视，被迫遵照学校或老师的指令，对自己的“差学生”监督管教！使“差学生”对学校教育和家长产生反感，都从厌学开始，直至逃课、上网玩游戏，消耗逃课所产生的空闲时间和过剩精力……这是教育的恶性循环。

“好学生”产生于家庭，父母为“好学生”搭建积极的成长环境，让“好学生”持久于家庭。

“差学生”也产生于家庭，家长在学校的要求下，为“差学生”搭建消极的成长环境，让“差学生”持久于家庭。

因此，“差学生”家长若想“看到希望”，只须向“好学生”家长取取经，改善自己消极的家庭环境，便能让自己的孩子恢复快乐成长。

温馨提示

福禄贝尔说过：“国家的命运与其说是掌握在当权者的手中，倒不如说是掌握在母亲的手中。”这句话很有哲理性，它深刻地说明了家长在教育子女中所起到的作用。

第三章　家庭教育的要求和实践

家庭教育靠亲缘黏合，靠亲情养护，靠伦理道德维系，她在培养人的品质、习惯和形成人的价值观等方面所起的作用是其他教育所无法取代的。

胎教和“童蒙养正”奠定家庭教育基础

一般情况下，人们认为教育是从孩子上学时开始的，其实，教育早就从孩子受孕怀胎时开始了，这就是自古就有的胎教。古人早就认识到，受孕的胎儿只要住胎，就有灵动的知觉，他是本能的反应。母亲的品性、情绪、行为及嗜好甚至所吃的东西都会让胎儿接受影响，给他带来正面或负面的影响，日久天长，就会使胎儿不自觉地带上母亲影响教育的“潜质”，这是自然现象，也是任何人无法抗拒的。

据此，我们便会想到，假如一个怀孕的母亲将不良的品性、情绪行为等影响传递给胎儿，等孩子出生以后再调教，那就困难了，甚至有时无法改变。从这个意义上看，胎教是至关重要的家庭教育的着手处。因此，睿智的母亲，在孩子胎教方面几乎做得一丝不苟。

● 古老胎教典范

殷朝时，周的祖先王季，他的王妃太妊，就是周文王的母亲，她的品行端正诚实，对一切事情，只有符合道德情理才去做。她怀周文王时，目不视恶色，耳不听淫声，口不出傲言，寝不侧（睡觉端正，不随便睡），坐不边（坐的姿势端正，不坐一侧或坐歪），立不跛；不食邪味（不吃有过度刺激味道的食品），割不正不食（切割不恰当，太大，难咀嚼的食品不吃），不时不食（这个时节不应该吃的食物和不应该吃食物的时间不吃）；席不正不坐。所以生了文王聪明神慧。

这是我国古老胎教典范的事例，弘扬了中华民族重视育婴和胎教的良好风尚。

● 胎教“四勿”

当人的身心世界和谐的时候，当一个有责任的母亲和自己的儿女的生命结合在一起连成一体的时候，她就会自然而然地以母亲的天性去教育和看护这个新的生命，不自觉的胎教就从这个“原点”起始，然而，仅凭这些还远远不够，更为科学合理的胎教还需要更可靠的经验和智慧去指导，当然这会涉及到生理、心理、生育营养等各方面的学问，但看似复杂的学问里却有一个核心，她便是，以严格的行为规范来雕琢母亲的心灵世界，使她以良好的精神食粮去给养生命中的所爱，这种严格的规范行为可概括为古代的“四勿”。

非礼勿视：是指凡是不好的风景或画面，严重影响孕妇情志，使其产生恶性反应的，作为一个准妈妈都不能看。比如，现在传播媒体非常普及，暴力、伤残、丑陋的镜头相当多，如果这些画面进入母亲的视野就会影响她的情绪，使她的情绪不稳定，进而影响胎儿的正常发育。

非礼勿听：是指耳朵所听到的都是好的、善的、正确的，对于不好的，不堪入耳的，包括不良的声音都不去听。

据科研人员报道：让奶牛听美妙的音乐，她可以多产奶，让花听美妙的音乐，她会开得更艳丽。日本著名医学博士江本胜自1994年进行水结晶试验，2001年，122幅风姿各异的罕见水结晶照片结集成网——《水知道答案》图书上市后，在全世界引起巨大轰动，唤起了人们对“爱”与“感谢”的珍惜和赞美。从图册中，我们能看到听了“贝多芬的田园交响曲”和听了“重金属音乐”所形成的两幅水结晶照片有着天壤之别，前者呈现出非常美丽规则的图案，后者却显得支离破碎，毫无规则。从实验中，江本胜和他的团队发现了水具有复制记忆，感受和传达信息的能力。

让母亲倾听优雅动听的乐曲，就是让胎儿同母亲同时接受美好信息的熏陶，使生命得到文明而温馨的滋养。

非礼勿言：对所做事情产生不良影响的话，不应该去讲，言语一定要谨慎，同时，要能“和言爱语”，表现出内心的慈爱、和平、谦让和恭敬。这些都是美好心境、良好情绪的反应。总而言之，该止则止，该说则说，言为心声，既是对心态的调整，又是对自我做一番省察，当内心产生不正确的看法时，马上警觉，立即纠正，恶者自禁，善者自扬，“隐恶扬善”理所当然。

当一个怀孕的母亲这样反躬自省，她的具有灵动感知的胎儿的生命怎么会得不到“净化”和“提升”呢?

非礼勿动：“礼”表现在动作方面，就更显得严谨和讲究了。一个怀孕的妈妈出自母爱的天性，她自然会十分小心地去以自己不失分寸的动作保护胎儿，这包括了行住坐卧饮食起居等方面的细节，当然，都是为保护胎儿着想。这是把“爱”传递给胎儿。同时，怀孕的妈妈不是总躺着休息，而是要适当做一些运动或力所能及的活，这是把“勤”传递

给胎儿，更为重要的是，怀孕妈妈的行为举止（包括音容笑貌）要以感恩父母，感恩生命的心态表现出一种让人喜爱的文明与和谐的仪态，“制造”出一种温暖人心的气息，会带给自己及胎儿最高的人生享受，这是把“慧”传递给胎儿，与此相反的“非礼”一定要“勿动”。

以上所说的“四勿”，是自外而内，自内而外进行的琢磨身心、净化心灵、提高人的精神境界，进而对胎儿产生良好影响的教育，她是胎教的精神实质，重于知识技能方面的教育，现代教育在此方面有更科学细致的研究，也被逐渐普及。

● “童蒙养正”

既然家庭教育从延续生命的责任中起步，从胎教中筑基，那么孩子出生后的教育就更为重要了，这是对我们一个很重要的提示。因为不懂得正常家庭教育的人总会觉得孩子太小，不用去教，就让他随便去生长，孰不知这是一种轻率肤浅的意识，稍不留神很快就滑过几年，在不自觉中，孩子已养成了诸多不良的习气。当孩子稍大，习气已在他身上生根，这时要把坏习气的根拔掉就很费劲了，这就是很多十岁以上的孩子很难改变其错误和习惯的主要原因。

因此，正常家庭教育，“童蒙养正”为将来孩子的发展奠定基础，显得十分重要。

● 扎根养正

《易经》里讲：“蒙以养正，圣功也。”“蒙”是代表天地初开，万物还很脆弱的时候，因此，这个时候就要保护他，好好养育他。

孩子的教育就是从小要培养他正确处事待人的态度和浩然正

气。这是说人的扎根教育，什么时候？从小。如果从小不教，等长大了要把他拉回来，就非常困难了。

《说文解字》里解释说“上所施，下所效，”叫教；育“养子使作善也。”中国的教育哲学《礼记·学记》里说：“教也者，长善而救其失。”这些阐述，和我们现代教育的实质是一样的，指明了教育的核心：

一是“使作善也”。当孩子有善良的心，他就有善良的行为，他自然就会有很多善良的朋友，他的人生会幸福。

二是“救失”（防范过失）。把孩子不良的习惯当下挽救过来，刻不容缓。如果不很快挽救，因为学如逆水行舟，不进则退，那么孩子的恶习就会沉淀并加重，这样的孩子将来不会有所成就，甚至有害。

记者采访许多诺贝尔奖获得者，发现了他们有共同的特点：他们在科学上取得巨大的成就，主要得益于在幼儿园学习生活时养成的良好习惯，如按时作息，把自己的东西收拾紧凑，把多余的东西分给其他小朋友等，这些优良习惯成就了他们的坚韧和严谨，带给他们科学研究工作巨大动力。

孩子纯洁的心田如一张白纸，先入为主的教育对其将来的人生有很重要的主导作用，犹如给田地里下种一样，如果从小在孩子的心田里广种深种最富有精华的种子，将来一定会使其人生有丰硕甜美的收获。所以“童蒙养正”被教育家十分重视，而家庭教育最能使其产生良好效果，故而这种教育被正常的家庭教育所重视并扎实地落实。

家庭教育是综合性的教育实践

家庭，看似很小的天地，其实，她所蕴含的教育内容并不简单，家庭教育是综合性的教育实践。

一个家庭要健康发展，家庭成员一定要有正确的伦理道德观念，这是其生存发展的精神支柱，是家庭发展的灵魂，就如人体的大脑一样。

一个家庭要健康发展，家庭成员要有正确的恋爱婚姻观念和正常的行为表现，这是其生存发展所需要的人际和谐的基本因素。

一个家庭要健康发展，一定要保证家庭成员能接受正常的知识技能教育，这是家庭获得经济保障的必要条件，是带给家庭物质资源的主要手段。源源不断的物质资源保障的形成为家庭发展其他事业提供了动力。

一个家庭要健康发展，一定要实践优生学，这是为家庭发展提供合格人力资源的基础性保证，“有人生万物”，“人存则政举，人亡则政息，”说的就是这个道理。

一个家庭要健康发展，一定要重视对人的价值的充分挖掘和利用，衣食住行等生活方面的合理化、正常化，健康状态的良好程度，卫生条件的优越，健康意识的强化，身心无忧患危险的干扰等，都为人提供了有效的休养生息，保证了人的健康，同时也弥补了人在创造价值过程中消耗的能量，有效延缓了人的衰老，也带给人和谐与安乐，使人愿意创造出更大的价值。

一个家庭要健康发展，当然也不能闭关自守，要将自己的家庭融入社会大家庭之中，要学习和借鉴他人的优点，“师夷长技以补已”，所以，家庭成员要有开阔的胸襟，开放的气度，广泛而深入地学习他人之长，这就是家庭成员社交的重要意义和责任。只有这样，才能从观察学习他人过程中查出自己的不足，“见贤思齐”，才能从观察分析他人的不足中发觉自己的丑陋，“见不贤而内自省也”。然后择“其不善者而改之”。这样就会有效防范错误的出现，保证家庭在克服困难中健康发展，“生于忧患”而不败。

一个家庭要健康发展，对家庭成员进行美好情感的陶冶，酝酿美好精神享受是十分必要的，她代表着家庭教育的提高，是生活艺术化的展现。因此，要把娱乐及艺术的营养输入到家庭成员的血液中去，创造更鲜活、更崇高的生命载体，从而获得家庭教育的高效成果。

总之，全面而正常的家庭教育是以上诸方面的融汇统一，缺乏任何一个方面，家庭教育就显得不完整或不完美，家庭的发展要受损失或受限制。只注重孩子读书，只看重孩子成绩而忽略其他方面教育的家长很有必要重视这个问题。

山东电视台《天下父母》栏目制作人吕明晰曾做过一期“神童沉浮录”节目，很值得我们深思。

> 有一个十分优秀的孩子，不负众望，13岁就考上了湖南大学，17岁就考上了中科院的硕博连读。但是在中国科学院硕博连读的时候，第二年就被劝退了。为什么劝退呢？因为他的生活自理能力、与人交往的能力极差。每次考试找不到考场，人家考完了他还是找不到考场。采访孩子的母亲，她说，小时候不让孩子干任何活，有一次看见孩子扫地，她就抢过来说，你的手是未来科学家的手，是摸计算机、拿纸拿笔的手。后来，上海的一位航天科学家发现这个孩子，想试试用他的教育方式看能不能把孩子拉回正轨，结果六个月实习期，四个月就又劝退了。

无论你是平凡人还是科学家，首先应该学会做人，如果人做不好，也绝不会做好其他的事。科学家的话既朴实又意味深长！

家庭教育的“专业教师”是不可取代的

一般情况下，父母是家庭教育的“专职教师”，只有父母自始至终全程参与孩子的教育和管理，才能使孩子获得正常的成长，我们常说的父母是孩子的第一任老师，说的就是这个道理。同时，父母也是孩子的“主任教师”，其他家庭成员如爷爷奶奶等只能做孩子的“副职教师”，他们都是“主任教师”的“助教”。“主任教师”的观念正确，教育行为端正，“助教”就要将这种观念和行为加以协调和强化，使孩子得到更明确而集中的学习导向，从而形成良好习惯和行为。

从这个意义上讲，参与教育孩子的“主任教师”和“助教”，在教育行为上要取得高度的和谐和统一，要建立“统一战线”，采取不同方式，共同养护孩子善良正确的行为，集中力量劝导、提醒、纠正、阻止孩子不正确的想法和做法，这样，就形成了稳定的家庭教育的共同体系，为孩子接受良好的家庭教育打下坚实的基础。

有一个上了小学的孩子，他有一个幸福和谐的家庭，当然，他的家庭是一个很懂得家庭教育的人家。父母、祖父母等长辈的节俭生活早就给他的心田里种下了良好的种子，所以，他从小也懂得爱惜物品，珍惜劳动果实，是一个听话的孩子。但是，教育是需要反复的熏陶才能扎稳根基的，终于有一天，这个孩子要经受一次考验了，他有了向家里提出要求的想法。

于是，他便满怀希望地向妈妈提出了要求，但妈妈一脸严肃地拒绝了。情急之下，有着热切渴求的孩子立即哭求妈妈满足他的愿望，并哭着说了许多打动妈妈心肠的话。怎么办？这种情况下，可能许多妈妈的心理防线很快就被攻破了，但这位妈妈却非同一般，因为他能读懂孩子哭声的意义和力量，于是，她镇定自若地坐下来，拿起一本书认真读起来，好像孩子的哭声跟她没有任何关系。

这边，孩子继续哭着、嚷着，而那边的妈妈仍一动不动地坐着看书，就算爷爷奶奶来也无济于事。渐渐地随着时间的延长，孩子动作的幅度慢慢减缓，最后连同哭声慢慢变小并停下来了，只是还不肯起来，还在地上躺着。然而，时间不久，他“开悟”了：这样没有结果，躺在地上又凉，不好受，事已至此，不如去做别的吧，这样想着，他便爬起来走出了母亲的房间。

往出走时，他特意中回头看了母亲一眼，母亲仍未抬头，依旧一本正经地看着手里的书。

这是一位成功的教育人士童年接受家庭教育的故事，当他回忆往事时，他由衷地表达了对母亲以及爷爷、奶奶的感恩之情，他十分感激和敬佩亲人实践“童蒙养正”倾注在他身上的良苦用心，无论是主角还是配角，他们每个人都演得非常成功，非常出色。

从这个成功的教育案例中，我们总结出：

◇ 教育下一代，最好家庭成员能共同参与。

◇ 要正确认识自己身份，“演”好自己的角色。

◇ 演戏的主题（教育下一代的见解、目标）一定要一致。

◇ 父母的“主角”地位无可代替。

父母和下一代是直系血缘关系，对下一代的影响最直接，最有效；父母处于上下两代人的“中介”，能最有效地把自己如何对待长辈、关爱下一代的观念行为传承下去；父母对孩子的责任最大，义务最多，也是将来孩子回报的主要承受者，所以他处于教育的自然因果之中，有着顺畅教育关系的作用，这是无可替代的。

母亲是家庭教育的神圣人物

农民教育家王凤仪说：“姑娘是世界的源头！源头不浊，水流自然清洁。……媳妇性如水，会当媳妇准生贵子，

你看那水！能养育万物，又不与万物相争……”

● 神圣地位是天然的

家庭教育中，家庭成员所担任的角色有主次之分，父母是“主任教师”，角色最为重要，但父母角色中，又有主次分别，母亲显得更为重要。“男人好了好一个，女人好了好一窝”是民间俗语对这种重要性的共同认识。

母亲在家庭教育中的神圣地位是天然的，这是因为正常的家庭教育，母亲和儿女生活的时间最长，关系最贴近，母亲对儿女影响最频繁，最深刻，母亲的职责和作用是其他人无法代替的。除此之外，母亲所提供的母乳是下一代生命健康成长至贵的奉献，这也不是其他东西能轻易替代的。

著名西医博士周泳杉，通过研究牛奶及母乳营养成分，证据充分地告诉了我们母乳特有的营养及作用。他在《走出饮食误区》的报告中说：

> “牛奶当中有87%的酪蛋白，它在人体里不容易被消化，所以很多人喝了牛奶以后胃会胀气。人类需要的是白蛋白，而母乳则是以白蛋白为主，还富含碘、铁、磷、镁，是孩子非常需要且能被很好地消化吸收，母乳里面的色氨酸和胱氨酸，是其他动物的乳汁所不及的，而这也正是婴儿发育所需求的。母乳的卵磷脂和牛磺酸也是牛奶里面找不到的，这两种物质正好参与儿童脑部和眼睛的发育。牛奶可以取代母乳吗？不可以的。”

母乳是儿童哺乳期最可贵的食物资源，是保证儿童有正常免疫力和健康成长的重要食物，同时，婴儿咂吮母乳，母子之间产生的亲和感以及给予和受施双方的快乐感，还有因此而有的更为浓郁的慈母爱怜及潜移于儿童稚嫩心灵深处的善良种子，无不在

流淌着人类情感最动人的美丽！

中国古史神话中，对女性的光荣和功德推崇到最高地位。

上古时期，黄帝和蚩尤发生战争，这位被后世称为战神的蚩尤，头触不周之山，因此而使“天倾西北”“地满东南”，使中国变成了现代的地势，西北高、多沙漠，东南低、多海洋。“天塌地陷，日月无光，自然异变，生民恐怖，”好在感动了我们的老祖母女娲氏“炼石补天”，当我们所赖以生存的最伟大的天地面临严重缺憾时，还是要靠这位人神之间的老祖母出手撑持，才挽回了人类的浩劫。

中国人称自己妻子为“太太”，有着很深的含义。“太太”一词起源于西周初期的“三太”，古公亶父的后妃太姜、文王的生母太任以及文王的后妃太姒，她们都是贤德聪睿的母亲，为周朝成功培养了太王、文王、武王三代圣君，是天下人妻子和母亲的典范，后人尊称她们为周家“三太”。为景仰学习她们，人们便称自己的妻子为“太太”，这个名称，是把培养优秀的下一代重任寄托给妻子的美好称誉，也充满着对对方的深情厚意和尊重爱戴，所以，这个称呼一直延续到现在。

无论是神话所反映的文化观念还是历史社会的事实，都无不证明着母亲在家庭教育乃至民族发展中的地位。自古以来，无论是普通的人民，还是获得重大成就的人，没有一个人能够脱离家庭教育的影响，而对其影响最大的人往往是母亲。

● 说说“三从四德”

正因为女性在家庭教育中承担着特别的责任和义务，正因为母亲在维护家庭关系和生活方面有重要地位，所以，这种天然的特点规定着女性家庭教育的规范：这就是“三从四德”，是对女性生存安全的保护和对其人格人品养成教育提出的目标，直至今天，也有现代女性学习借鉴之处。

所谓“三从”是指：“在家从父，出嫁从夫，夫死（或谓老来）从子。”“从”是“负担”，“负责”的意思。是说女子在未嫁之前，应该由父母负担生活，负责教养；结婚出嫁以后，作为丈夫的男人，应该负担妻子的生活费用和安全；丈夫死了，应该由子女赡养照应。但是还要知道，夫死、子小，还要“母兼父职”抚养子女成人。所以这里的“从”不能只当作“服从”，更不能当作“盲从”。

从“三从”中，我们看到更多的是女性所获得的保护和尊重，看到父母、丈夫及儿女对她的关爱。当然，在这种符合道义的关爱的人际氛围中，女性“顺从”的德性自然会流向父母、丈夫、儿女和家人，这也是在顺畅的人际关系中酝酿的美好情感，表现为对长辈的孝顺，对丈夫的情义之爱和对儿女的母爱。所以，千百年来，传统女性的温良打造了一代代贤妻良母，培养出一代代孝子贤孙，中国文化的绵延久远，中国社会的长治久安，中华民族堪称礼仪之邦，妇女美德承载了大半！

可见“三从”里有爱护，有对女性美好天性的培养和发掘，因此，是对女性人生价值的重视。女性如水，温柔和顺是其自然的天性，“水善利万物而不争”，女性以各种方式把自己的爱顺承给父母，巧用于丈夫，慈加给儿女，就能调和出一片温暖的祥和的天地，这时的她便托起了一家的福，尤为重要的是让儿女在舒适的环境中健康地成长。

“四德”是指妇德、妇言、妇容、妇功，是有关妇女人格和人品养成教育的目标，不只适合于女性，即使是男子，也同样需要有这种教养。一个人的品德有了问题，不论是男是女，都是不受人欢迎。言语粗暴，或刻薄贫嘴，或出言不当等等，也都遭人嫌弃。至于“妇容”一项，万不可误解为是在选美。所谓“容”是指平常的仪容整洁，不故作风骚，给人做出笑料，这一项尤其要引起现代妇女的警醒，万不可把装饰的艳丽当作仪态的标准，把衣着的怪异和暴露当作自爱，其实正好相反，那是俗气和丑陋！“妇功”一项，过去专指刺绣、裁缝衣服、精工纺织、打点饭菜等技能，尤其在以农业经济为主的农村社会里，这对于充实家庭经济的作用更为重要。

时代到了今天，经济观念在人们心中的份量特别厚重，爱情便往往会成为抵不过面包和米饭的东西。所以现代女性从小开始，必须要学会一项独立谋生的专长，用来保障自己的物质来源和夫妻的关系，这是现代社会“妇功”的必要。

因此，我们诚恳祈愿天下女子：充分认识自身价值之可贵，深刻感悟自身责任之重大，女性柔顺合自然，明确家庭母教为根本，站好自己的位置，搞好与家庭其他成员的关系。在家庭出现矛盾或问题时，要普施母性的爱德和宽容，抑制女人常有的自私和嫉嫌，为化解家庭矛盾，帮助家庭度过难关，谋求家庭长远发展和兴旺发达作出自己应有的贡献。家兴国兴，家和国和，我们事业和国家民族的事业就联为一体了，母教之伟大也因此而落实。

亲情之爱是家庭教育的精神营养

● 亲情之爱——教育儿女的“催化剂”

亲情之爱主要包括父母子女之爱，夫妇之爱，兄弟姐妹之爱，其中父母子女之爱是亲情之爱在家庭教育中最重要的情感。正常的家庭教育，父母子女之爱是相互的，是交融互通的。亲情之爱把不同年代的人牵连在一起，因此，不会有“代

沟”的存在。父母爱子女，给子女信任和希望的力量，给子女身心健康的活力，给子女心灵的依托和安全，同时又使其受伤的精神获得慰藉。

教育不只是“晓之以理”，还需要“动之以情”，要“礼”“乐”兼备。父母爱的情感是其教育儿女产生显著效果的“催化剂”。

● 美好的精神营养

对父母而言，儿女的幸福和成功也是他们最大的幸慰和满足，他们的精神会获得无形的滋养。

儿女爱父母，是儿女对父母产生的一种感恩的表现，这种爱很容易使儿女对长辈产生孝敬，“孝”道就是从这里走出来的。对父母之爱顺畅而真诚的回报使中华民族有了许许多多的孝子贤孙，古有二十四孝的典范，今有“孝老敬亲”的模范人物，他们都代表着深厚的道德的力量，对国家民族产生深远的影响。

同时，真正懂得感恩孝敬的人，也能真正体会到自己所接受的来自各方面的爱和恩惠，他们会深切地感受到，除了父母亲人给予自己无穷的爱护外，还有老师、同事朋友等各类劳动者，他们也能真正成为一个懂得爱和回报爱的人。随着人生修养的提高，他们会成为“唯仁人能爱人，能恶人（不是讨厌别人，而是指讨厌自己自私和恶的方面，不断自省改进）”的人。

可见，爱父母绝非一人之事，孟子说：“老吾老以及人之老，幼吾幼以及人之幼”，亲情之爱是会影响到社会大众的，所以《孝经》从反面提示人们要敏锐觉察：“不爱其亲而爱他人者谓之悖德”的伪君子，让我们能反省自我。

儿女爱父母，从受施者方面说，她是家庭教育成功的反应。因为父母之爱得到儿女之爱的正常回报，犹如花草树木接受雨露滋润而长得枝繁叶茂一样，是一种符合自然的现象。这时，父母就会感受到自己爱的付出是值得的，教育的方法是正确的，否则可能会招致叛逆，或者不能产生效应，甚至会酿成不良后果，我们能说那个“揠苗助长”者他的出发点不是爱吗?

另外，父母获得儿女的爱，除了他们的心理上感到幸福满足外，更重要的是，随着儿女对他们的肯定，他们付诸于儿女的教育理念、方法等将被承传下去，是将他们的价值继续发扬光大，能使他们看到“慎终追远，民德归厚”的家庭教育的美好前景。

因此，相互的亲情之爱是家庭教育美好的精神营养。

● 爱的真谛

当说到爱的时候，我们也许会产生一种误会，会将爱理解为是对自己情感的满足，我爱你，是因为你能满足我的情感需要，你能满足我的情感需要，所以，我爱你。当然，这样的爱，我们不能说是一种错误，她也是人生存或生理方面的需要。但是这里面难免掺杂着自私和偏狭，这种爱往往就会变为对对方的控制和占有，一旦当这种控制和占有不能实现的时候，就会翻脸不认人，变爱为恨。

现实生活中人们交际关系的脆弱，夫妻关系容易产生猜忌裂痕，离婚率上升等现象，就是这种“爱”制造的产物。

所以，我们有必要为我们所说的家庭教育中相互之间的“爱”正名。

汉字“爱”的繁写体“愛”，能真正反映爱的真谛，这个字由“心”和“受”组成，应该属会意字，即用心去感受他人的需要。我们所说的家庭教育的亲情之爱指的就是这种爱。

在家庭中，当每个人都用心去感受他人的需要时，那怎能不是一个理想的境界呢?

用心感受他人的需要，就会淡化自己的需要，淡化自私的心，慢慢地“忘我”，进而一心想着为他人服务，当大家相互用心感受对方的需要时，这个家庭便会是一个祥和的世界。在这个世界里，每个人都是优秀的“公民”，丈夫是正直负责任的丈夫，妻子是贤淑尽义务的妻子，儿女会是善良孝敬的儿女。

当相互间用心感受对方需要的家庭氛围形成的时候，理解、

包容、谦让、顺从、付出、支持、奉献、牺牲等人类美好的品质和行为便会在家庭教育的“爱园”中培育出来，结出美好而香甜的精神果实，让人感叹不已，回味无穷。同时，这种爱心会让一个人为亲情奇迹般地奉献，成就人性最善最美的德性。

三　品

考试结束后，三位同学凑在一起诉起苦。

孙瑜说：“我语文考得不好，妈妈说我是废品。”

盖清说：“我体育不达标，爸爸说我是次品。”

李思说：“我政治不及格，爷爷说我是危险品。”

沟通是家庭教育的生命力

就家庭教育而言，沟通应是人与人之间最真切、最直接、最自然的需要，这是由家庭成员最为密切的亲缘、血缘关系决定的。儿女是在父母生命之根上衍生的枝叶花果，本来就是联结的一体，怎么能有割裂隔阂呢？亲情之间是天然的关系，这种天然的关系就如同花草树木与土地、阳光、水分、空气等的紧密关系一样，如果割裂她们的联系，花草树木怎能生长下去呢？她们只有死路一条。同样，家庭教育中亲情联系的断裂，也就意味着教育的失败和生命苦难的诞生。

美国可谓世界上福利事业最发达的国家，老人晚年的生活保障非常优厚，但是老人们过得并不愉快，因为许多老人深感这种“坐吃等死”的生活十分孤单、空虚、冷漠，心灵的孤寂使他们感到人生的失落和失败。试想，只让老人享物质便利之福，而不能让他们体会到亲情的温暖，儿女承欢膝下的天伦之乐，只是可望而不可即，这能算是成功的教育、幸福的人生吗？

这难道不是亲情之间不予沟通所制造的痛苦吗？

> 2007年，《天下父母》“孝道调查”节目反映了这样一件事情。春节，人们沉浸在欢乐的过年气氛中，突然有一幢楼房里浓烟直冒，邻居敲门敲不开，就打了报警电话。原来是一个老头正烧尚未领取的汇款单，一问才知道，老头老伴去世后，儿子去城市打工了，每月给父亲寄汇款单，寄了五年，就是不见人影，老人绝望了。他说我要这些钱有什么用啊，我要的是孩子来看我的心，连看我一眼这颗心都没有，我留着钱有什么用？

这件事能代表一种极为普遍的社会现象，那就是很多人，尤其是现代的年轻人，不懂得怎样体会父母的心，不知道去和父母沟通，不懂怎样才算是孝敬父母。

如今，我们常常会听到家长喊孩子不听话，一提起这事，家长们感到十分为难和无助。想到自己对子女百般爱抚，生活上照顾得无微不至，却招来子女的背逆，感到莫大的失落和痛心。孩子不听话有着多方面的原因，但有一个十分肯定的原因，那便是家长与子女之间缺乏必要的沟通。

没有沟通就没有理解，没有理解，怎么能让孩子听话呢？作为孩子，他们很难体会家长给予他们的爱心和寄予他们的希望、责任；作为家长，更多的是一厢情愿，把自己的期望和要求强加给孩子，不理解孩子除了需要亲情的爱抚外，更需要大人对其能力的认可，需要大人的信任，理解、赏识要远远比怀疑、批评和否定多得多！因为这是孩子的天真和善良。

试想，当我们不能满足一个人正常而又重要的需要时却要求他听我们的话，按我们的要求去做，这现实吗？

有时候，我们的理智会被情感的大水所淹没，由于过爱，我们会一股脑地把所有的好处抛给孩子，而剥夺了他们爱人的权利

和机会。太多的好处要么让他们感到应接不暇，麻木不仁，不懂得珍惜，要么让他们变得冷漠自私，认为这是理所当然而狂妄自大。这是许多家长所教育的孩子，等他长大读书时，家长突然要他做一个懂得感受大人爱心付出的听话的孩子，这在情理上没有办法讲得通，事实也证实了这一点。

如果上面所说是一种“沟”而不“通”的症状，那么还有一种无法沟通的症状，那就是父母与子女虽身居一处，但心隔两个世界。“代沟”一词大概由此而来。这种症状出现，要么是两代之间无话可说，各行其事，各过各的生活，不相往来，要么是一交谈便闹翻，无法通融，甚至酿成伤害事件，让人触目惊心。

人们把生命延续的希望寄托在下一代的身上，所以教育在很大程度上是一种爱的传承。要传承，务必要打通上下代之间的生命通道，这种“打通”，不是强行的，也不是强迫的，而是需要心灵之间的温和沟通。家庭要兴旺，国家要昌盛，民族要发展，这都需后继有人。上下代沟通得顺畅，才能使我们民族后继的未来走上一条健康顺利的道路，从这个意义上讲，沟通小而至家，大而至国，无不重要。

● 家长应如何与孩子有效沟通

家长和孩子之间能否有效沟通，更多的责任应该是家长，“冰冻三尺，非一日之寒”，以下三点建议供参考。

首先，家长应该学会尊重孩子的自我选择，不应将自己的要求强加于孩子身上。特别是当家长要求过高，而孩子能力达不到时，会给孩子心理造成较大压力，久而久之孩子会把更多的心思投入到寻找保护的方式方法上，她发现只有“顶嘴”才是保护自己的唯一选择。换位思考一下，其实孩子内心是十分孤独的，父母如果不能成为孩子心灵上可以信赖的人的话，谁又可以成为她倾诉的对象呢?

其次，家长应该学会倾听孩子的真实想法，善于发现、欣赏她的闪光点，并能在她憧憬的世界中帮助、引导、支持她梦想成真。恰到好处的赞美是父母与孩子沟通的兴奋剂、润滑剂。家长对孩子每时每刻地了解、欣赏、赞美、鼓励会增强孩子的自尊、自信。

最后，家长应该学会包容孩子的各种想法。对孩子做到最多地欣赏优点，尽量地包容缺点，用放大镜看孩子的优点，要知道世界上没有完美的孩子。父母无条件信任自己的孩子是与孩子沟通交流的重要基础。纠正孩子的关键性缺点时一定要注意考虑成熟，选择最佳地点和时机。家长应该认识到，孩子的梦想更多地是来自她的兴趣爱好，因此，即使实现这些梦想并不现实，家长也不应该"一棒子打死"，更不因她中途放弃梦想而责备她，家长应该在实现孩子梦想的过程中，引导孩子学会对自己的选择负责，告诉孩子为了实现梦想是需要努力和毅力的。也就是，梦想的实现与变化并不重要，重要的是培养孩子做一个成功人的优良品质。

● 亲子沟通无限好

亲子关系是家庭教育的基础，家庭教育离不开亲子间的沟通，如果亲子间连"话"都说不到一块儿，教育更无从谈起。有研究表明：良好的沟通与青少年的学习成绩、自尊和心理健康成正相关，与青少年的孤独、抑郁成负相关。良好的沟通=理解+合作，因此，家长必须掌握一定的沟通技巧，与孩子保持良好的沟通，让孩子走好人生第一步。

首先要学会倾听。上天赋予人一张嘴巴、两只耳朵，就是要多听少说。因此，与孩子说话时，家长不要急于评论，不要贸然打断孩子，更不要剥夺孩子的话语权。

学会说话。与孩子沟通，了解是前提，理解是关键，即尽量要用孩子愿意接受的语言交流，不要指责埋怨，强制命令，迁就讨好，絮絮叨叨，这样只会让孩子产生逆反心理。

学会观察。与孩子交流时，要看孩子的情绪（脸色），态度反应，抓住沟通的最佳时机。

放下架子。要让孩子感受到平等与尊重，我们尽可能蹲下来和孩子说话，拉近距离。

尊重孩子的意愿和需求。要培养出有个性的孩子，就要引导孩子按照自己的潜能方向发展，对于一些合理的需求和意愿尽量给予满足。

换位思考。“人非圣贤，孰能无过”，允许孩子犯错误，不要常常对孩子进行所谓的“爱的呵斥”。

不拿自己孩子与别人比。这样比的结果只会挫伤孩子的积极性、自尊心和自信心，起不到任何鼓励和鞭策的作用。当然，更不能揭短，伤自尊。

不把成绩看成孩子的唯一。好成绩不等于好孩子！当然，也不要对孩子呵护过度，服务过头，或对孩子不闻不问，放任自流。

多陪孩子一起休闲活动，允许孩子适当地发泄。

营造温馨氛围。身体力行，做好孩子的表率，多给孩子一张笑脸。

温馨提示

家庭教育是发生在我们身边的大众行为，几乎每一个人都在家庭教育中扮演着或扮演过一定的角色。然而，要对这一司空见惯的社会现象作出科学的概括却不容易。根据社会变迁的理论，作为家庭的基本功能，正像家庭制度受着社会制度的制约，随着社会经济和文化的发展而发展、变化而变化一样，家庭教育也将随着社会的变化而不断变化。

第四章　家庭教育要讲方式和方法

教育孩子其实就是一个坚持不懈地将孩子的各种缺点转化为优点的漫长过程，不同的教子方式会造就不同性格的孩子。教育要讲究方法，改错要讲究规则，纠错要讲究艺术。

身教重于言传

常言道："孩子是父母的影子，父母是孩子的镜子。"既然父母是孩子的镜子，我们做父母的，应该时时刻刻留意自己的一言一行。就连古人都会说："其身正，不令而行；其不正，虽令不行。"

因此，家长的言传身教是家庭教育的必要条件。为了培养孩子的良好品德，做家长，一定要在自己的行为上谨慎些，时时处处做好孩子的表率。孩子的好行为、好习惯（或者坏行为、坏习惯），多数都是父母教育影响的结果。

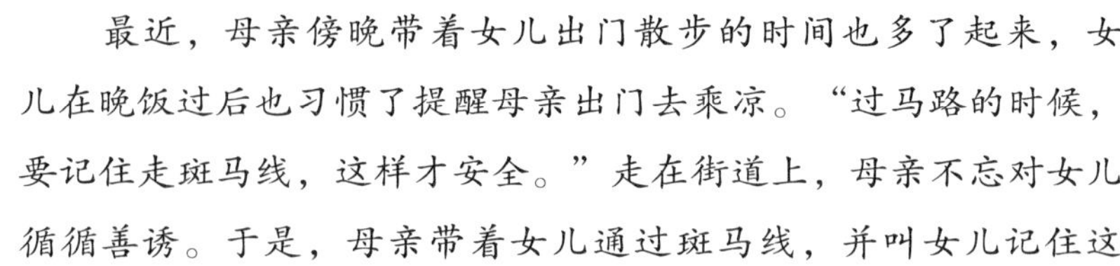

最近，母亲傍晚带着女儿出门散步的时间也多了起来，女儿在晚饭过后也习惯了提醒母亲出门去乘凉。"过马路的时候，要记住走斑马线，这样才安全。"走在街道上，母亲不忘对女儿循循善诱。于是，母亲带着女儿通过斑马线，并叫女儿记住这个“规律”。改天，母亲再带女儿去散步，当她们走到一个岔路口时，母亲看了看左右没有车，便牵着女儿的手横穿过去。“妈妈，过街要走斑马线。”女儿的声音提醒着她。母亲感到很不自在，想反驳，却找不到理由。因为，这规则是她交给孩子的，又是自己在孩子面前破坏掉的。这件小事让母亲深深地体会到，在孩子的心里，父母的身教要比言传更为重要。

父母是孩子的一面镜子，也是孩子的第一任老师，自己的言行无一不是孩子模仿的对象。因此，家长应该在家庭教育中格外重视自己的示范作用。

注重教子做人

中国传统家教的精华是注重教子做人。中国历代关于家教的家规、家训、家范，无一不把教子做人作为家教的重点内容，历史上的慈父良母也无一不是在教子做人方面为世人所称颂。

做家长的平时头脑里都有这样的概念：“要想将来干好事，必须现在做好人”，为何不用在教育自己子女这上面呢？孩子的“孝”，是从严格的家教中得来的，孩子的脾性温顺，是从父母的慈爱中得来的。

清朝画家郑板桥，大家并不陌生，在他52岁时得子，但他平时对儿子的要求十分严格。有一天，重病在床的郑板桥把儿子叫到面前说：“儿子！我想吃你亲手蒸的馒头。”儿子为了父亲，平生第一次学做起馒头来。等到儿子费了九牛二虎之力将馒头蒸好，端在父亲面前时，郑板桥已经咽了气，床头上留下一个纸条：“淌自己的汗，吃自己的饭。自己的事情自己干，靠天、靠地、靠祖宗，不算是好汉。”

再聪明的孩子，如果不把他引到正路上，这个“资源”终究会被遭毁掉。孩子的聪明，要用到正点子上，否则，就成了“耍小聪明”，就成了方仲永式的人物。

“一个人，从小所受的教育，把他往哪里引导，能够决定他后来往哪里走。”

爱而有度　严而有慈

父母爱护自己的孩子，要把握住一定的原则，要有一定的度。超过了度，就是溺爱了。在教育自己的子女时，如果父母威严中带有慈爱，那么，子女就会对父母畏而有敬，自然会有孝顺之心了。

如果父母对孩子的教育方式不够灵活，走向两个极端，就会导致家庭教育的失败，家中就会出现“败子”，“望子成龙”的愿望就会落空。如果孩子有了过错，爷爷、奶奶总是娇宠着，瞒蔽着，却不告诉孩子的父母。即便是父母知道了，爷爷、奶奶又替孙子打掩护，曲意地加以解释，一味地纵惯下去，既毁了孩子的前途，又废了父母的一番苦心。

家长威信的建立，必须靠家长自身正直的品行和对孩子人格的尊重。家长如果爱孩子，就应该严格地要求自己的孩子，要爱得适度，要严得合情。孩子不听话是父母没有威信的标志。

有一位母亲从孩子上学起，母亲就每天接送孩子上下学，每天担当女儿的家庭老师。母亲的文化水平也不是很高，女儿上学去了，她就在家里提前翻书、看练习，一一找出难点、错处，再一一地给女儿指出，时常为了女儿考试失了几分而闷闷不乐。这位母亲的用心之苦，是其他家长无论如何都不能相比的。

后来，在母亲严厉而充满慈爱的教育下，女儿终究成才。

这是一个成功的家庭教育的案例。没有这位专心的母亲，孩子很难有后来的好成绩；没有这位牺牲自己精力的母亲，孩子肯定没有那么多的好运；没有这位母亲，孩子的未来是一个不明朗的问号。这种“爱而有度，严中带慈”的教子方式，成就了孩子，也成就了母亲。

有一天，我正在看VCD，老妈捧了一本书进来。

老妈：“这个‘I don't know.’是什么意思？”

我说：“我不知道。”

老妈：“你学了几年英语了，怎么什么都不知道？！”

我说：“不是！就是‘我不知道’嘛！”

老妈在网上搜索一番后……

老妈：“这个我早就知道是‘我不知道’了，只不过想考考你罢了……”

讲究教子艺术

教育孩子也是一门学问，有其自身的规律可循。家庭教育也要符合教育的规律，方法要得当。如果父母对孩子一味地严格下去，对孩子少了慈和爱，就与孩子之间缺少了一种人间真情——亲情。一个家庭里，如果没有了亲情，孩子就会与父母拉大了距离，就会逐渐地疏远自己的父母，不愿与父母对话，甚至背着父母，干他们自己想要干而父母不允许的事情。因此，家庭教育，也要讲求教子艺术。

抽屉里的秘密

有一天，父亲打开抽屉，发现少了一张50元面值的人民币，当问及妻子没拿时，他的心里全明白了。于是，在抽屉里放了一张纸条：

孩子，咱家的钱来之不易，要把钱花到有用的地方！

——爸爸

过了几天，孩子又想去拿钱，打开抽屉时，发现爸爸留给自己的一张纸条。读完文字，孩子被爸爸的此举所感动。于是，他也给爸爸留了一张纸条。第二天，当爸爸打开抽屉时，发现多了一张纸条，上面写着：

爸爸，我错了。感谢您给了我一个很大的面子！我以后再也不偷拿家里的钱了，就冲着您没有发脾气怒斥我这一点！

——儿子

这位家长不因为自己是父亲，就摆“老子”的架势，去责骂甚至殴打孩子，而用一种委婉的巧妙的方法去批评孩子，方式恰当，孩子容易接受，令人不得不佩服这位家长在与自己孩子沟通时巧妙而又良苦的用心。

大人都有出错的地方，何况孩子呢。孩子一旦犯了错，家长不要“肝火攻心”，要能耐得住性子，同样的解决问题，动文总比动武好。

对于孩子的不良行为，家长要用一分为二的眼光来看待。如果自己的孩子有了不良行为，就冷眼相待，或者是睁一只眼闭一只眼，加以包庇和袒护，任其发展，不但不利于纠正孩子的不良行为，还下意识地害了孩子。

针对孩子不良的具体行为，应该采取有效的措施，善于发现孩子身上的“闪光点”，因势利导，找准入手角度，以便拿到开启孩子心灵、矫正孩子行为的金钥匙，将孩子的“闪光点”发挥出来，让其加以充分利用。

父母一个赞许的眼神、一个真诚的微笑、一句由衷的好话、一个轻柔的抚摸，都会让孩子意识到，自己被父母重视了、赏识了，就会感到无限的温暖。

有一位家长的教子方式很独到，值得我们家长借鉴：

孩子特别爱打篮球，也特别崇拜姚明。凡是遇到NBA篮球赛时，只要有火箭队出场，孩子每看不落，因为里面有他的偶像——姚明。为了看姚明的打球，忘记了吃饭，当然孩子打篮球的技术一天天地娴熟起来，学习成绩却直线下降。作为家长，对于孩子的行为，父亲看在眼中，急在心里。孩子爱打篮球，有利于锻炼自己的身体，这是一件好事，不能反对，只能支持。可是，成绩的下降，除了其他原因外，与打篮球的占用学习时间也有关。既要让孩子把成绩提升上去，还不能打击他玩篮球的兴趣。于是，在孩子到校学习期间，凡是遇到姚明的球赛，他都制成录像，让孩子把作业做成后，利用闲余时间放给孩子看，孩子很感激自己的父亲。后来，父亲又去书店，买来《姚明传》让他读。随后，还买来其他的名人传也让他看。渐渐地，孩子的兴趣，逐步地从打篮球转向了书籍。孩子爱看书了，视野拓宽了，作文水平不断提高，学习成绩也上升了。

我们不得不佩服这位家长的教子技巧！

每个孩子的身上都有其长处，也都有其短处，我们何不避其所短，取其所长呢！

学生作文

八年级（16）　　安宏娟

说句心里话，我恨自己的父亲，因为他对我过于严格了。

父亲是一位老师，每天板着一张臭脸，人缘却好得出奇。我不明白，那些人的脑子是否有病，与一个板着脸孔的人整天呆在一起。

小时候，学校院里一共只有十二个孩子。爱玩是孩子的天性，我每天却被父亲限定着时间。而我经常不听话，总能领教到父亲的教训。

那时，学校院里最亮丽的风景，是我遭到父亲的毒打。只要父亲一打我，学校院里的学生都来看。小伙伴们经常说的两句话是：快走，看圆圆爸爸打圆圆去。圆圆爸爸别打了。那时的我，顾不得一丝的自尊与颜面，扯着嗓子大喊大哭。这样的事，每隔三天，便会上演一次。

小学六年级时，我成了没人管的孩子。母亲因为哥哥上学的原因，便于哥哥租住在固原城里，我们每隔两周才能见一次面。

父亲则是学校的骨干，兼带毕业班，留下我一人孤单单地呆在房子里，内向的性格，就从这时开始形成了。没事可干，就借来武侠小说看。有一天，父亲突然进来，我没来得及藏小说，挨了父亲的一记重重的耳光，接着便是木棍。

“小小年纪就想当武侠，以后还得了！”父亲一边打着，一边骂着。当时的我，学会了“武侠”的冷酷，只是冷笑着说了一声：“打死我吧。”父亲扬起的棍子放了下来，很吃惊地望着我。我见父亲不动手了，一人独自出了房门。当晚没有回家，我去了外公家。当晚，我给外公看了棍痕，并对外公说：“我会记一辈子。”后来，我与父亲一年没有说过话。

上七年级时，我来到了固原城里，来到了母亲的身边。与父亲只能一周见面一次，话也愈来愈少了。

我喜欢在业余时间上网，与一个叫“你的长大，我的牵挂”的网友聊天。他说自己四十岁。他每天会给我的空间里留言，他会写很长的文字来鼓励我。逐渐地，我与这位网友的关系越来越好。我也知道他有一位与我同龄的女儿。我曾对他说：“当您的女儿真幸福！如果你是我父亲，那该多好啊……”

在网友的陪伴下，我度过了七年级的学习时光。很奇怪，我发现每个周末，他总是不在线上。整个寒假、暑假，他每天留言总是在我不上线的时候，而且，每天都有一句“多陪陪你的父亲吧！其实，他很爱你。”我不以为然，依然懒得和父亲拉近关系。

有一天，我登录了哥哥的QQ，突然又一次看见了“你的长大，我的牵挂”这个网名，情不自禁地哭了起来。原来，我一直很敬佩的这位网络叔叔，就是自己的父亲。

终于，我明白了。

我与父亲并没有太大的隔阂。后来，我与父亲的关系逐渐地好了起来，而我与那位“网络叔叔”的关系也日益密切了。

说句心里话，我的恨早已被爱覆盖了。

这个孩子的内心情感经过了一番波折，由开始的恨父亲，最终转为爱父亲。她恨父亲有形的严，她更爱父亲无形的慈。

家长在教育子女的方式上，往往会走向两个极端：要么严得让孩子不敢喘大气，要么慈得让孩子在长辈面前忘记了自己的身份。教育好一个孩子，得掌握好火候，也得把握住分寸。既要严中有慈，又要慈中带严，还得讲究技巧。

教育子女　持之以恒

培养一个孩子，不是一朝一夕就能完成的，“十年树木，百年树人”，可见，教育好孩子，是一辈子的事情。作为父母，我们应该有教育孩子的长期打算，要有恒心和毅力。

每个孩子都有自己的优点，孩子的长处是一点一滴地培养出来的，要耗费父母的精力和时间，不能急于求成。有的父母，知道家庭教育的重要性，但是，缺少教育孩子的毅力和恒心，不能持之以恒，不能控制住自己的言语和行为，不能用自身的言行去影响孩子的成长，不能为孩子创造一个有利于他成长的家庭环境。

如果孩子感到学习吃力，我们当家长的，不能视而不管，把责任推给老师，也要多动点脑筋，多想点办法，多替孩子的前程着想。想的多了，好办法总是会有的。

有个孩子，其他几门课程的成绩均不错，唯独英语的成绩总是提升不上去。孩子有些失望，准备放弃这门课程的学习。父亲知道后，也替孩子的学习捏了一把汗。

有一天，他将孩子叫到自己面前，说：“孩子，爸爸也想学英语。可是，没有一个英语老师呀！你能教爸爸学习英语吗？”孩子回答说：“行。”开始时，孩子把自己知道的简单的英语知识讲给父亲，时间长了，他头脑中原有的知识差不多竭尽了。怎么办呢？总不能打消父亲学习英语的兴致吧。于是，他借阅各种英语资料，一边自己学习，一边把学到的知识讲给父亲。父亲每天在进步，孩子每天也在进步，

在班级成绩名列前茅了。父亲这才对他说："孩子，我学习英语，只是找了个借口，目的只有一个，就是想让你把英语成绩提升一下，没有想到，你的进步令爸爸吃惊，爸爸这就放心了。我要多多地感谢你，我儿已经长大了！"

这位家长，为了自己孩子的前程，可谓动了一番心思。让孩子带着目标和责任来学习，要比盲目学习的效果好得多。

有的孩子，头脑很聪明，一旦遇到学习的事，为什么就厌倦了呢，关键在于孩子提不起学习的兴趣，心中经常没有目标，总是缺乏责任感。

家长会上，老师向我介绍儿子的学习情况时说："这学期他抄过王红、抄过刘畅，也抄过张磊，你应该好好管管了。"我问："他都超过班长王红了，我管什么呢？"老师说："我说的是，他抄人家作业。"

传统美德不可或缺

● 孝字一马当先

"孝"：下面一个"子"字，上面一个"老"字，代表子女背负着老人。

"孝"，包含了"养"和"敬"两个方面，孩子不仅要在物质上奉养父母，也要尊敬自己的父母。

可如今，更多的却是老人背负着儿女。从孩子呱呱坠地开始，父母就不断地为孩子付出，付出的如此自然、如此习以为常。孩子总习惯于衣来伸手、饭来张口、钱不够了就大吼，甚至几十岁的人了还在靠父母养活，"富二代"、"啃老族"成了这个时代的特色产物。

当父母不求子女回报的时候，孩子也就渐渐丢弃了对父母奉养和尊敬的意识，最终导致了孩子的不孝。很多家长都在抱怨，为什么孩子总认为父母为自己付出是理所当然的，很少去考虑自己能为父母做点什么，对父母的爱近乎抱以麻木的态度，原因在于家长只会一味地付出，而忽略了对孩子进行孝道的教育。

家长在教育孩子的过程中，要明白：礼貌教育也要礼貌地进行。如果对孩子进行礼貌教育时，家长本身就很不礼貌，自己的教育内容就会不攻自破。

有三位母亲从集市上采购归来，各自提着装满蔬菜的篮子，一边聊天，一边向村里走去。一位母亲说："我儿子可听话了，书读得很好，将来能有大出息。"另一位母亲也自豪地夸赞着自己的儿子："我的儿子脑子可灵了，别人都说这孩子将来会发大财的。"当第三位母亲说到"我的儿子厚道，知道疼人"的时候，前两位母亲听了却不以为然。母亲们走累了，盼望着能快一点到家。到村口了，三位母亲的儿子正巧都在村口玩，见到母亲归来，前两位母亲的儿子无动于衷。只见第三位母亲的儿子飞快地跑过来，接过母亲手中的篮子，并向母亲道了声："妈妈辛苦了！"

即便孩子再有多大的出息能赚多少大钱，如果从小缺少教养，"孝道"面前不赢人，他的人生是不完美的。

孝敬老人的家长，孩子也会孝敬父母。

学生日记

八（16）　　喇建霞　　2010年10月4日

夜已黑了，太阳在休息，我却在灯光下写作业。

妈妈熟睡在沙发上，我本想去叫醒她，让她回床上休息，妈妈却不肯。

望着两鬓的白发，我的心不知被什么撞击了一下，好痛。妈妈睡意朦胧时，脸上连带着一丝愁。说实话，自从妹妹出生后，妈妈的生活发生了翻天覆地的变化。没有生下男孩子，让妈妈在家里没有丝毫的地位，尤其是二妈的势利眼。

去年，因为爸爸工作调动，家中的重担全部落在妈妈的肩上，我觉得，妈妈老了许多。

妈妈睡得那么沉，我很难去叫醒她。望着妈妈，我想起前两天看的《弟子规》，它是这样讲述的：一位中年母亲问台下的观众："你们每年与父母能见多少次面呢？"有一半人说："过年回去只见一次。"

时间过得飞快，说句心里话，我也感到莫名的恐惧，父母陪着我们的时候，我们却无视她们的存在。

妈妈坐在我旁边，问了一句："作业写成了吗？"我却冒出了一句话："我爱你！"搞得妈妈丈二的和尚摸不着头脑，对我说："这孩子，什么毛病，写完了作业快睡觉。"

我劝天下所有的儿女，能够珍惜与父母在一起相处的机会，珍惜上天赐给我们最珍贵的礼物。在还能来得及的时候，对自己的父母说一声"我爱你们"。

我们做儿女的，应该从懂事时就开始尽孝，哪怕仅仅是给父母倒一杯茶。

那晚，说句心里话，我睡得很踏实，带着笑意进入了梦乡。

何谓"教"？从字形的构造便可看出左边是"孝"，右边是"文"，就是要通过文化来使得孩子讲孝道，并且懂得奉行"孝道"。只有这样，才能达到教化孩子，使孩子成为一个有教养的人的目的。

● 培养勤俭节约意识

说句心里话，现在的孩子，不像我们小时候上学那样少吃缺穿，现在几乎没有饿着肚子上课的孩子，但他们身处幸福之中，却身在福中却不知福，从来没有考虑过“汗滴禾下土，粒粒皆辛苦”的含义，过着“衣来伸手，饭来张口”的日子。因此家长应该教育自己的孩子，要从小培养自己的节俭意识，懂得每一粒粮食的来之不易。

有一位清洁工对我说，有的住校学生真不像话。营养早餐，那是国家政策好，住校生却不知道珍惜。我家养了四只狗，每天在垃圾点拾捡的熟鸡蛋，带回家去让狗吃，都吃不完。附近居民点的人也说，把住校生丢弃的馒头之类的剩物，捡回家去喂牛。

起初，我不相信，后来的一件事证实了这情况是真实的：有一天，我去给（16）班上课，看到讲桌上有少许粉笔灰尘，便弯下腰去拿桌仓里的抹布。不经意中，发现了几个熟鸡蛋。我问学生：“这是什么意思？”学生说：“这是住校生在餐厅里领取的，嫌鸡蛋皮烂了，没有吃，就丢到桌仓里了。”听完学生的话，我的心中不禁一怔。于是，我拿了一个较大的熟鸡蛋，当着学生的面，剥了鸡蛋皮吃了。学生见状，忙说：“老师，这几个鸡蛋已经放了好几天了，都放坏了，不能吃呀！”我对学生说：“虽然是国家免费发送的，但你也不能浪费吃的啊！”

针对上述情况，我利用周四下午的两节写作课，给学生上起了“思品”课：回去问问你们的爷爷，他们都是从上世纪六、七十年代过来的人，他们有的吃过“食堂”，有的吃过“供应粮”，经历过一段“难忘”的岁月。见学生无动于衷，我又补充道：“老师也经历了一段令人心酸的童年时光。

小时候家里穷，没有吃的，吃过野菜（苜蓿、灰条、苦苦菜等），炒面（麸皮、糠、地椒子、盐的合成物）等，现在你们生活这么好，应该身在福中要知福！

我的一番话，学生却像在听“天书”。究竟是孩子的无知，还是我的多情呢，聪明的家长，你也替我想想吧。

孩子不珍惜别人现有的劳动成果，一味地浪费粮食，是现在的一种普遍的社会现象。作为孩子，年幼无知，可以理解；作为家长，熟视无睹，不去引导和教育孩子，是一种遗憾和缺失。

1. 从小养成好习惯

孩子坏习惯的养成，很大程度上均与家长的缺乏引导有关。作为家长，自己首先要有勤俭节约的意识，并将这种意识逐渐地灌输到孩子的心田，并让孩子用具体的行动来体现节约粮食的好习惯。

2. 吃食物量力而行

由于各种原因，致使孩子的身体状况参差不齐，因而在食量上也有多有少。家长应告诉孩子，在吃食物时，要根据自己的饭量，能多吃则多舀点，不能多吃则少舀点，做到适可而止，绝不浪费半点粮食。

3. 自己不想吃，让给他人吃

有的饭食，孩子不喜欢吃，家长就应及时地加以引导，培养节约意识，不能随意将饭食白白地浪费掉。特别是住校的孩子，家长更应该加以引导和教育，让孩子随时都能养成一种勤俭节约的良好习惯。

单亲孩子　多给温暖

单亲家庭，由于家长与孩子沟通的时间较少，使孩子往往形成了孤僻、自卑、倔强的个性。孩子很想倾吐自己的心声，很想得到父母的关爱，却一直没有这样的机会。孩子会想，父母是自己最亲的亲人，却不关爱自己了，他哪有这个心思学习呢?

单亲家庭的家长，要多留意自己孩子的心理健康问题，教育和培养好一个单亲家庭的孩子，是一件多么不容易的事情。让孩子将来成为一名合格的社会公民，这是家中最大的一笔财富。

衷心希望单亲家庭的家长，抽出一些时间，坐下来与孩子面对面地多谈谈心，多询问孩子的学习情况，多关照孩子的日常生活。

只有与孩子多交流、多沟通，才能缩短与孩子之间的距离，才能让孩子感受到父母的关爱和家庭的温暖，才能促使孩子把自己的学业抓上去。

有一位女孩子，父母离异后，她和父亲一起生活，继母在她眼里，是一个让她瞧不起的女人。孩子既不尊重她，也不愿意和她沟通，和继母之间的关系相处得很糟糕。起初，父亲还站在孩子的这一边，时间长了，父亲也不搭理她。这样的家庭，对孩子来说，不仅没有给她带来温暖，还让她觉得没有安全感，家庭矛盾越来越严重。不久，孩子的情绪十分低落，精神上有一种忧郁感和压抑感，萌发了自杀的念头。后来，被父亲察觉到了，预感到问题的严重性。于是，他坐在孩子的面前，让孩子说说自己的委屈与不满，父亲耐心地倾听着。最后，父亲主动向孩子认错，并希望孩子原谅他，以后做个称职的父亲。经过多次谈心与沟通，孩子的精神状况与以前相比，已经判若两人，上课时精神饱满，学习的积极性也高涨起来，与继母的关系也越来越好，感到这是一个和谐的家庭了。

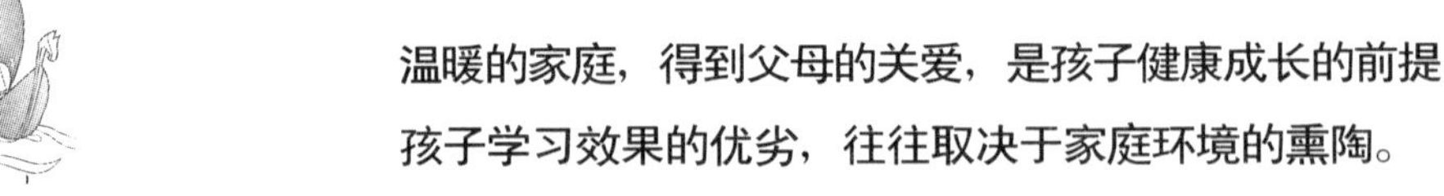

温暖的家庭，得到父母的关爱，是孩子健康成长的前提。孩子学习效果的优劣，往往取决于家庭环境的熏陶。

好的家庭环境，能让孩子产生好的心情，能让孩子提高学习的效率。

关注孩子的懒惰病

懒惰，也是一种心理上不健康的表现。懒惰病，几乎在我们每一个人的身上均能找到。我们大人都得懒惰病，更何况正在成长中的孩子呢。孩子的成绩总是提升不上去，原因较多，但懒惰病是直接原因。

但凡学习上缺乏上进心的孩子，都害有懒惰病。

因此，我们做家长的，平时要多留意孩子的动向，多观察孩子的表现，多想点办法，多与班主任和科任老师取得联系。父母要学做孩子的心理医生，想尽一切办法，把孩子的这个“懒病”给根治掉。

怎样才能根治孩子的懒惰病呢？下面做法，仅供家长参考：

● 要让孩子正视自己的懒惰病

孩子有了懒惰病，是常年累计的结果，不是一朝一夕就能改掉的。家长应该引导孩子，要正视自己的懒惰病，不能怯懦，更不能逃避，要面对现实，想尽各种办法，力争在较短的时间内把它改掉。

● 不能永远停留在只说不做上

得了懒惰病的孩子，往往停留在口头上，不停地为自己制定改掉这种坏毛病的计划，却不停地让自己的计划压垮，行动永远难以付诸。因此，家长要正确地引导孩子，无论干什么事情，无论自己喜欢与否，无论自己心情好坏，都必须先行动起来。只有付诸行动，孩子的懒惰病才能逐渐地被改掉。

● 让孩子带着责任感来兑现自己的承诺

孩子的懒惰病主要由于自己的懒惰而造成，也与家长的监督不严有着密切的关系。家长要求孩子，自己的任务必须由自己来完成，不能“明日复明日”地永远拖延下去。每做出的一件事情，都要带着责任感来完成，要自己给自己定目标，列计划。目标要小，计划要细。自己的口头承诺要用具体的行动来兑现。只有这样一步一步地坚持下去，才能将孩子的懒惰病彻底根治掉。

清晨，闹钟响个不停，母亲一再催促，杨艳红就是懒得起床。正是因为偷懒，晚上的作业没有写完，早上该去学校了，却呆在床上胡拧辞，不愿起来，怕到学校挨老师的批评。于是，装起病来，一会儿说头痛，一会儿又说肚子痛，寻找各种借口，就是懒得去学校。正是因为偷懒，杨艳红经常迟到。到了学校，她就照抄别人的作业，该背的懒得背，该记的懒得记。到了考试时间，为了蒙骗父母，成绩的“水分”太大，因为她不得不用“作弊”这最后一招了。成绩早已公布出来了，她却迟迟不愿告诉父母。父母催问急了，她总是以“分数还没有出来呢”作为借口，搪塞过去，既欺骗了父母，又害了自己。

铁杵能磨针，滴水能穿石。

懒能害人，勤能补拙。

要让孩子由懒变勤，得花父母一定的时间，要有严格的监管，要有悉心的指导。

温馨提示

老磨子先推，笨鸟儿先飞。将这句话用到你孩子身上，试试看，也许你会有意外收获。

第五章　走进青春期

不知不觉中，孩子们有了一些变化：男生长出了喉结、胡须，女生身体逐渐圆润、脸上有了青春痘；自己有了主见，却往往不被他人认可；自己以为长大了，可父母还是把我们当成孩子。我们准备迎接激情的撞击，感受独立自我的觉醒，经历具有人生奠基意义的“心理断乳”所带来的“危机”。

跨入中学大门以后，孩子逐步进入到青春期。从这时候开始，他们在身体形态方面、技能方面、心理方面均会发生一系列的“质的”变化，这对其今后大半生都会产生重大的影响。同时，急速的发展往往产生不平衡，引发各种矛盾和问题，如果处理不当便会产生不良后果。因此，这一时期，德国心理学家称为“暴风雨时期”，美日心理学家则称之为“危险期”。

每一位家长都能明显地感觉到这一阶段孩子的言行举止发生了变化，有些家长觉得孩子突然长大了，懂事了，不那么让人操心了；而有些家长却越来越头疼，觉得孩子越来越难教育了，不听大人的话，而且总是和自己对着干。

别着急，要想教育好孩子，就得走近孩子，了解孩子这一阶段发生了什么变化？为什么会有这些变化？出现这些变化家长应该如何应对？现在，就让我们一起来认真了解孩子们进入青春期以后所发生的一系列具体变化吧！

身体形态的变化

青春期是人体生长发育的第二次突增时期，主要表现在身高、体重、肩宽及骨盆等形态指标明显改变。

身高和体重的迅速增长是青春期身体外形变化的重要标志。但不同的人有着不同的表现，有的快，有的慢；有些个头猛长，有些突然发胖；有的先横向发展，有的先纵向拉长。即便是同一个人，其不同身体部位的发育速度和水平也是不一样的。

根据这些特点，孩子要注意补充营养，参加适量体育活动，加速造骨过程，促进骨骼和肌肉的生长，以保证身高、体重的正常增长。同时，防止过重负荷的劳动和锻炼，特别注意培养孩子坐、立、走的正确姿势，加强胸、腰、腹部肌肉的锻炼，促使骨骼和肌肉的正常发育，使之向健美方向发展。

系统功能的发育

● 神经系统的功能变化

人脑和神经系统在出生前就迅速发展。出生时脑重380~390克，一岁时达到700克，入小学时约1280克，12岁时脑重接近成人，脑容积与脑重的发展相似。之后，脑的发展由容积、重量转向功能的完善，即在青春期时，神经系统的结构更加复杂，功能更加完善。

初中阶段的学生，脑重量已接近成年人的脑重，脑的神经纤维有了显著增加，兴奋与抑制逐渐达到均衡，分析综合能力得到提高，能较快地建立各种条件反射。

因此，中学生除了要保证充足的营养供应外，还应注意有适当的休息和充足的睡眠时间，养成良好的学习、生活习惯，以促进大脑的正常发育。

● 心肺功能变化

青春期孩子的心肺功能也相应地增强，代表心血管系统功能的两个参数是心率和血压。心率在青春期已接近成人，以后逐渐减慢，趋于稳定，每分钟60~70次，血压走出少年期的低谷，稳定在110~120/70~80mmHg范围内。

● 内分泌腺功能的变化

青春期孩子的身体形态、功能变化主要受神经腺、内分泌腺的影响。在人体生理活动过程中，无论新陈代谢、生长发育、生殖以及身体对内外环境的适应都要受到各种激素的调节。其中与青春期生长发育有直接关系的激素有：雄性激素、雌性激素、生长激素、甲状腺激素等。

人体身高的增长，男性主要是雄性激素分泌增加的结果，女性主要是雌性激素及肾上腺分泌的激素共同作用的结果，这两种激素共同协调促进生长激素的增加，引起身高及盆宽的突增。

● 运动能力的发展

运动速度、耐力、下肢爆发力、协调性、灵活性等素质指标在青春期的提高与各系统功能发育是一致的。掌握青春期运动功能发育规律和身体素质发展的敏感期，有助于促进青少年健康成长和避免不适当运动而造成的伤害事故。

● 造血功能的变化

青春期间，尤其是青春后期，人体血红蛋白和红细胞总数，男生有明显增加，而女生则无明显增加。这种差别原因，目前认为是与女生月经来潮后血液丢失有关。因此，对青春期女生，应特别注意补充与造血有关的营养素，以避免贫血的产生。

● 其他器官的发育

消化器官在不同年龄有不同特点，其中牙齿变化比较突出，应特别注意口腔卫生的养成，以防龋齿发生。

视觉器官正处在发育阶段，如不注意用眼卫生和营养供应，容易造成近视眼。

性机能的成熟

性发育包括性腺、生殖器官、生殖功能，是一个起始于胎儿期的缓慢过程，初生婴儿形成的是第一性征。青春期后，性器官迅速发育成熟，功能完善，男女的身体形态、功能、声音各自形成特有的体形，形成第二性征。

● 男性特征

男性性器官主要包括睾丸、附睾、阴茎等。进入青春期后开始迅速发育，特别是睾丸发育增大且能生成精子，并与前列腺、精囊、尿道球腺分泌的粘液等混合成为精液，以遗精的方式排出体外。首次遗精的年龄平均在15岁左右，性别标志发育表现为开始增大、成熟，逐渐发育成成人型。

第二性征发育主要表现为阴毛、腋毛、胡须、变声、喉结出现等方面。

● 女性特征

女生的性发育总体比男生早1~2年，一般从10岁开始发育，12岁时变化更为显著。乳房变化是女性进入青春期的第一个信息，也是最早、最明显的标志。一般从11岁左右开始呈现芽状突起或向小山似的乳头肿突，之后继续发育，乳房从开始发育到成熟约需四年时间，最后慢慢接近成人。与此同时，音调变得尖而细。

月经初潮（指女性第一次月经的到来）是女性青春期发育最突出的指标之一。初潮的时间大概在12至15岁之间，气候的冷热，健康状况、营养的供给与分配、心情状况等都会影响到初潮的早晚。月经初潮是女性青春期发育过程的重要标志，表明卵巢、子宫功能发育达到了一定成熟程度。

每个人都会经历美好而含蓄的青春期，都会在这个阶段产生许多想知道又不敢询问的疑问。性发育阶段应加强青春期性卫生知识教育，通过一些科学的渠道了解性发育过程及相关知识，注意生理卫生。正确认识青春期的变化，做到坦然面对，理智处理。

心理变化特征

随着身体方面的变化，中学生的心理方面也发生着极大的变革。但受各方面因素的影响，不同的人会有不同的表现。

● 中学生心理变化的主要表现

认知能力：逻辑思维的组织性、敏捷性、灵活性、深刻性、批判性均有所发展，在面临问题时，能够较快地从根本上抓住矛盾的焦点，能够独立、批判地思考，对人对事有自己的认识和看法，喜欢争论和怀疑，敢于发表自己的观点，敢于向传统观念挑战。但容易产生片面性和主观性，逆反心理随之加重。

情感：中学生的情感丰富、高亢、热烈且富有朝气，但不够稳定，容易动感情，也容易激怒，情感体验比小学生深刻；对未来充满了憧憬和幻想，具有活泼愉快的心境；自我调节和控制能力提高，情感有时带有矛盾性和两极性；好交往、重友情，友谊迅速发展，但同时又喜欢感情用事，易冲动；由于性发育和对未来的向往，对异性萌发好感，渴望与异性交往，在与异性交往中，有时会遇到一些困惑。

意志：中学生意志特点主要表现在目的性、果断性、自制力几个心理品质上，能够有目的、自觉地作出意志决定和努力；在果断性上有了显著发展；自控能力不断增强。

人生观、价值观：随着年龄的增长、视野的开阔及受教育年限的延长，中学生开始对人生及世界进行思考和探索，有了自己独到的见解，有了一定的责任意识。

● 中学生心理差异的主要表现

性格差异：中学生性格差异主要表现为内向型和外向型。内向型性格的孩子比较沉默少言，不好动，遇事也不愿意向他人诉说，朋友较少，认死理，很容易受到不良情绪的困扰；外向型性格的孩子活泼开朗，善于与人交往，遇事喜欢一吐为快，朋友较多，容易从不良情绪中走出来。

兴趣差异：中学生兴趣各有特点，有的是从小就有，有的是后来出现，有的长期稳定，有的不断变化，有的对事物的兴趣只有三分钟热情，有的可以持续很久。

能力差异：在注意、记忆、想象和观察等认知能力上，中学生表现出不同的特点，如记忆，有的学生善于听觉记忆，有的善于视觉记忆或混合记忆，在记忆强弱上，有的记忆快而遗忘慢，有的识记慢但不易遗忘。有的能富有情感喜欢阅读而表现出文学才能，有的善于思考逻辑严密而表现出数学天赋，有的视觉敏感性好，具有艺术的想象力而表现出绘画才能等等。有的学生很早就能表现出某种能力优势，有的学生的优异才能则表现得较晚，即所谓“大器晚成”。

因此，家长不要对孩子期望值过高，观察孩子的能力水平，适当的确定和调整目标才是正确方法。千万不要对孩子失去希望，您的孩子或许这一方面稍差一点，但他会在另一方面表现出与众不同的才能来，也许他就是一个“大器晚成”的人。用发展的眼光看孩子，给孩子以足够的自信心，让他的能力尽快凸显出来。

● 青春期常见的心理及行为问题

情绪方面：青春期是人由童年到成年的“过渡期”，情绪不稳定，情感既丰富又脆弱。如青春期焦虑症、抑郁症、强迫症、睡眠障碍等，遇到一些刺激就表现为爱哭、爱笑且喜怒无常；易急躁、易冲动而自我失控；过度焦虑紧张、自私、狭隘；意志薄弱、承受挫折的能力比较差，遇到困难容易灰心丧气。

调查表明：30%的学生有情绪方面的问题。

行为方面：一方面世界观还不够成熟，缺乏独立思考的能力和行为能力等；另一方面又有强烈的自我体现意识，主要表现为好逞强，好与人争斗，做事鲁莽，不顾后果，逆反心理强烈，对父母或老师有较强的抵触情绪。会出现精神性成瘾行为，如玩电子游戏机成瘾、网络成瘾、言情小说成瘾、恐怖小说成瘾等。

抽烟、酗酒、玩游戏及不良行为，严重影响青少年心身健康。如果不及时加以制止可能会出现偷盗、抢劫及攻击行为等，可导致违法犯罪行为的发生。

个性方面：主要表现为任性，自尊心、好奇心特别强，过高估计自己，以自我为中心，不愿接纳正确建议，看问题片面，总把错误归于别人，爱嫉妒他人。

人际关系方面：与教师的关系问题。调查表明有50%的学生与教师的关系好或很好，43%的学生与教师的关系一般，有7%的学生与教师的关系不好或不太好。

原因分析：

教师与学生之间的关系不够好，有学生自身的因素，如学生不敢主动与老师亲近，心理上敬畏老师。而教师与学生缺乏交流与沟通，对学生不理解、不信任、不够耐心，处理问题不公正，讽刺、挖苦学生等不尊重学生的做法和态度，给学生造成心理伤害，使师生关系紧张，甚至使学生产生对抗心理。

同学间的关系问题。调查表明68%的学生之间关系比较好，27%的学生与同学的关系一般，有6%的学生与同学的关系不好或不太好。经调查和讨论，由于同学关系不融洽，甚至关系紧张，有的同学经常流露出孤独感，想改善与同学的关系，却又不知该如何去做。

与父母的关系问题。调查表明67%～82%的中学生与父母的关系比较好，有12%～18%的中学生与父母的关系不好或不太好。

原因分析：

第一，父母教育孩子方法不得当。简单、粗暴，父母与子女之间不能进行正常的沟通，造成孩子孤僻、专横，与父母有敌对情绪。

第二，父母关系不和。对中学生的心理伤害很大，孩子会有抛弃感和愤怒感，并有可能变得抑郁、敌视、富于破坏性……会认为是父母给自己带来并制造了痛苦，怨恨父母。

第三，学生自身青春期不良的心理情绪。初中生处于青春的萌动期，对异性感兴趣、有爱慕心理，对两性关系意识朦胧，喜欢通过看言情片或读言情小说感受爱情，渴望与异性交往，但是在同异性相处时却又感到害羞不自在，不能正确处理与异性的关系，对与异性交往有误解，有时会把友情当作爱情。

温馨提示

青春期孩子的家长，要及时了解自己孩子的心理变化，对于孩子出现的心理问题，一定要以理解为前提，试着走进孩子的内心世界，慢慢化解孩子心中的郁闷，帮助孩子排解不良情绪，使孩子快乐地度过青春期。

第六章　解读青春期

中学时代是一个人由儿童走向成人的重要阶段，处在这一阶段的中学生，既有别于成人，又非昔日幼稚的顽童，其最大特点是身体和心理的迅速成长和发育。在这个不断变化的过程中，既有积极进步的变化，又有消极不利的变化。让我们和孩子们一起顺应变化，享受快乐吧！

面对青春期出现的心理及行为等方面的问题，家长一定要采取一些恰当的方式进行引导，建立社会–学校–家庭三联保障体系，是促进青春期健康心理行为发展的最有效屏障。

与孩子交朋友

七年级学生已进入青春发育期，这是人生的第二次成长高峰期。其生理、认知、情感、意志、自我意识在迅速发展，是人一生中发展最迅速、最旺盛、最关键的时期。但这一阶段也是学生最容易出问题的阶段。作为家长和老师，不仅应该充当好管理者的角色，还应了解学生生理心理发展的特点，提前为孩子讲解有关青春期的知识，让他们有所准备。仔细观察孩子的表现，对孩子进入青春期所出现的一些变化及时引导矫正，对孩子的困惑及时解答，帮助孩子顺利、健康、开心地享受青春期带来的快乐，使孩子形成优良的品质和健全的人格。

每一个孩子的成长都离不开家庭的教育，每一个因心理不健康而患心理疾病的事例也同样有着家庭的原因。父母的教育观念、教养方式、家庭环境都直接影响着孩子的心理健康，影响其健全人格的形成。作为家长应注重加强孩子青春期的心理健康教育。

要敏锐地观察孩子的心理动态。观察应该在孩子没有觉察的情况下默默地关注，注意观察孩子的精神面貌、言谈举止、学习状态、行为动作、性格脾气、兴趣爱好、待人接物的表现，更好地了解孩子的心理，发现问题主动沟通交流，引导孩子把自己内心的真实想法说出来，采取恰当的措施帮助孩子调整好心理。

例如孩子刚进入中学，也许他会遇到很多不如意的事，如老师的偏心，同学的排斥，学习上的竞争……这些都让孩子有失败感，而这时他最需要的是倾诉，而他最想倾诉的对象是父母。如果这个时候你能给他无所顾忌地倾诉，并能很好地给他指导，也许从今往后你们会成为朋友式的关系，但如果你因为自己的忙碌而忽略了他，或者没有用心去倾听，没有很好地替他去分析，只是一味地斥骂，那么从此之后孩子遇到事情就不愿对你诉说了，也许我们就无法沟通。对此，作为老师和孩子的家长，我深有体会！

我和朋友的孩子都在今年进入中学，我平时有事没事总爱和女儿聊天，问孩子一些学校里发生的事，也对她讲一讲我的学生的事情，所以，我女儿一进家门就跟在我后面，追前追后地对我说在学校发生的有趣事情。我和她一起讨论或评价，讲到有趣的地方一起开怀大笑，遇到不开心的事帮她化解，所以我女儿什么事也不瞒着我，讲得多了，我对她的想法以及她们的班级了如指掌，甚至她们班里多数同学的名字我都能叫上来。

但我的朋友却用了另一方式，当她的孩子在诉说的时候，她总是爱听不听，或者遇到孩子和老师同学的纠纷问题，就一句：那肯定是你的错，不然为什么老师同学会不喜欢你？如果孩子说到别人的优点，她就会反问：为什么你就不能像人家那样优秀呢？这些话就好比当头一棒，使得孩子的兴趣陡然降为零，以后什么事都不愿再跟她说，学习上也自暴自弃。原来开朗、乐观、进取的孩子不见了，变成了烦躁、闷闷不乐的孩子。

要和孩子交朋友，多谈话、多交流。谈话可以最亲切、最直接地了解孩子的心理状况，还可以察言观色、随机应变，发现孩子心理的一些重要信息。心理学研究表明，谈话过程实际上是交谈双方之间的一种交往与认识过程，面对孩子的种种变化，面对孩子的困惑，父母应该及时跟孩子多沟通，多交流。

一天，小军在教室里写作文《我的家》。他这样写道："我的家有爸爸妈妈和我三个人，每天早上一出门，我们三人就分道扬镳，各奔前程，晚上又殊途同归。爸爸是建筑师，每天在工地上指手画脚；妈妈是售货员，每天在商店里来者不拒；我是学生，每天在教室里呆若木鸡。我的家三个成员臭味相投，家中一团和气，但我成绩不好的时候，爸爸也同室操戈，心狠手辣地揍得我五体投地，妈妈在一旁袖手旁观，从不见义勇为。"

我爱我家

小雯今年13岁，刚考上重点中学，她聪明、活泼、可爱，在父母的关爱下无忧无虑地成长，她曾经有过快乐的童年。

但是，好景不长，这样的日子一去不复返了。

在小雯上小学以后，父母的关系迅速恶化，常因家庭琐事发生争吵，甚至互相殴打。父母每次吵架，小雯都躲在墙角一个人哭泣，有时在梦里也被吓醒。

从此，这个活泼开朗的小女孩变得胆小内向、寡言少语，她的脑海里整天想着父母的事，父母吵架的场面老在她的脑海里萦绕，别的孩子玩的时候她在想，上课的时候她在想，睡觉的时候还在想。

就这样，父母吵了五年离了婚，她随母亲一起生活，母亲把对小雯父亲的满心怨恨常常唠叨给小雯听，小雯一方面忍受失去父爱的痛苦，一方面还要忍受母亲的唠叨，她觉得自己快要崩溃了。

在学校，她更加孤僻、厌学，不愿与同学交流。

最终，这个可怜的孩子用一根绳子结束了她稚嫩的生命。

父母的悔恨再也无法唤醒可爱的女儿了！留给人们的是无限的惋惜和深刻的教训。

青春期的孩子感情都比较敏感，父母关系不好会使孩子觉得孤独无望，没有人在乎她。长期的争吵会让她厌烦家庭生活，进而厌烦一切，选择轻生。

孩子在成长的过程中，需要一个和谐安宁的家庭环境，父母关系长期不和或者分离，对孩子的心理和智力发育有着极大的影响。现在的单亲孩子越来越多，但如果父亲或者母亲能关注孩子的思想，对孩子进行心理上的安抚，保护好孩子的自尊和自信，

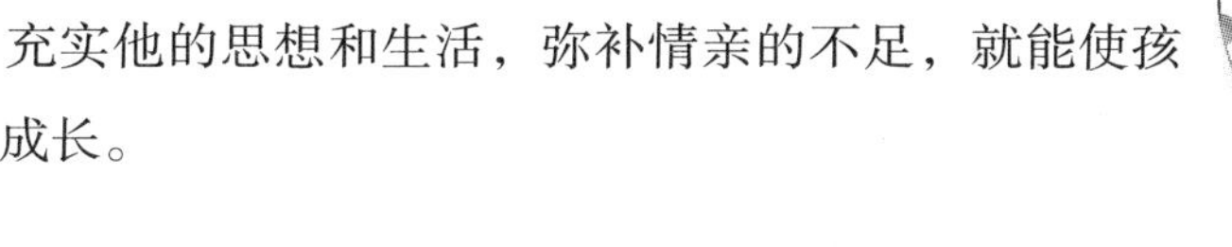

多陪陪孩子，充实他的思想和生活，弥补情亲的不足，就能使孩子快乐健康地成长。

平等尊重你我他

孩子是父母的希望，作为家长，应该从感情上、心理上尊重孩子，不能把他当作私有“财产”，爱之则宠，恨之则打，使孩子的心理健康受到不良影响，溺爱型和打骂型的教养方式可直接导致青少年心理疾病的发生。所以家长要尊重、理解、信任孩子，和孩子进行思想交流，对孩子的兴趣爱好多给予支持和鼓励，这样，孩子在被爱、被尊重的环境中成长，他也必然知道怎样去爱他人，尊重他人。

1882年，爱因斯坦来到这个世界已经三年了，却不像其他孩子那样天真活泼，爱说爱笑。邻居家的孩子们经常在一起玩游戏，可这里面却没有爱因斯坦的身影。他喜欢一个人静静地坐在客厅的角落里玩搭积木，一玩就是老半天，然后默默地坐着，忘情地欣赏自己的杰作。

就这样，小爱因斯坦四五岁了还不大会说话，这时，父母有点儿着急了：“难道他是低能儿，是个傻子？”父母亲赶紧带他去医院，却没有检查出什么毛病。

小爱因斯坦在常人眼里，并不是一个聪明的孩子，这一方面是因为他不大会说，一方面则因为他总是提出一些稀奇古怪的问题，让人觉得有些低能、傻气，大人们甚至怀疑他的智商是否有障碍。

到了上学的年龄，与同龄孩子相比，小爱因斯坦依然显得十分木讷，动作迟缓呆笨。在班上，除了迷恋数学，其他的学习成绩很差，每次被老师叫起来背诵课文，便呆头呆脑一句也背不出来。同学们私下里都嘲笑他，认为他是一个

“差劲的落伍生”。爱因斯坦就这样开始了他的求学生涯。他虽然很愚笨，然而却很善良、虔诚，同学们给他起了一个绰号叫“老实头”。

一次，小爱因斯坦的父亲问学校里的教导主任，自己的儿子将来可以从事什么职业，这位老师直言说道：“做什么都没有关系，你的儿子将是一事无成。”这位老师对小爱因斯坦的成见非常深，认为他是一块朽木，已再无雕刻的价值，勒令他退学。就这样，爱因斯坦15岁那年就失学了，连毕业证都没有拿到。

他的母亲很着急，担心自己的孩子将来一无所成，而他的父亲则说道：“不用把此事放在心上，孩子只是不能适应学校的规则及学校机械的教学罢了，等他长大了，了解了周围的一切后，就可以顺利适应了。”父母没有将他视“弱智儿”，没有因为功课不好、被学校开除而责打他、辱骂他，而是给他一个很宽松的环境，支持并鼓励他发挥特长，循循善诱帮助他成长与发展。最终他成为20世纪最伟大的科学巨人之一。

在这个社会上，人人需要尊重，当然也包括孩子们。每个孩子都是一个独立的个体，要正视他的存在，理解他的愿望，看到他的努力，赞赏他的“成就”，并鼓励他按照自己的兴趣实现自己的人生目标。

中学生的心理挫折大部分来源于成绩的不理想或者和同学相处不好。家长要对学生的挫折心理给以正确的指导，多理解，少指责；多鼓励，少批评。用理想的推动作用增强孩子的抗挫折能力，这样才能疏导他们的情绪。

七年级学生刚入学时，很多学生一时不适应初中阶段的学习，有的甚至产生了厌学情绪，心理受到严重的挫折。针对这种情况，家长就要用远大的理想来激励孩子，并要及时告诫学生，

任何人的成功都不是一帆风顺的，有了远大的理想是好事，但理想和现实有很遥远的路途，需要付出艰苦的努力和汗水。经过恰当的教育和激励，学生的抗挫折能力增强了，克服了学习中的困难，学习积极性就会大大提高，成绩也将随之提高。

理解孩子、认可孩子、鼓励孩子就是对孩子最大的尊重。

某校每个教室里都有钟，15班的钟有问题，只要被东西敲到就会越走越快，敲一次就会快3分钟。

一天，化学老师上课，发现同学们都趁他在黑板上写字的时候用橡皮敲钟，但化学老师没有声张，依旧按钟的时间下课。两周后，期末考试到了，恰好化学老师在15班监考，学生们都埋头做着试卷，只见化学老师拿着粉笔头在那儿练习敲钟。

让青春飞扬

作为父母，要允许青春期的孩子有点个性。每个人都有自己的隐私，孩子写日记，上网聊天，这些都应该是孩子的隐私，父母没经他同意就没必要去窥探。现在这些90后、00后孩子的穿着打扮，很多父母都看不惯。其实只要无伤大雅，就没必要过分干涉。让他们拥有个性，青春也需要张扬。如果确实超出你能承受的范围，那么不要一味地去按自己的标准强求孩子，而是不动声色的去引导，指导他了解什么是美，什么是个性，从而改变他的审美观。

青春期的少年需要认识自我，肯定自我，希望有更多的机会表达自己的意见和想法，也希望能有人倾听自己的心里话。这种需求较少能从父母那里得到满足，而同龄人的思想水平接近，对事物的看法有更多的共同点，容易沟通，更可信赖。同龄朋友可以帮助青少年增进对自我的了解，可以帮助青少年肯定自我的价值，和朋友交往可以缓解不良情绪，所以父母要给孩子自由交往的空间。

有一名学生，成绩优异，善于表现自己，再加上天资聪颖，家人更是溺爱不已。在学校，教师器重他，同学崇拜他。长久下来，他养成了自尊自大，目中无人的性格，尤其是看不起不如他的同学，经常嘲笑别人，不善于与人交往。渐渐地，同学们都疏远他，他在班上没一个好朋友，有一次他作业没交上来，我问他原因，他说自己忘带铅笔盒了，我很奇怪，问他怎么不向同学借用，他一下子头低到胸前，小声说："没人给我借。"说着眼泪就下来了。我给班主任反映了这个孩子的情况，班主任经过多方了解，才知道了其中的原因。

原来，这孩子在家里非常任性，想要什么就要什么，想干什么就干什么，由于他是家中独子，家人总是最大限度地满足他，如此养尊处优，使他觉得同龄孩子谁也不如他，他父母也不让他和别的同学来往，怕把他带坏，尤其强调不准和各方面不如他的同学交往，这样灌输的思想就使得这个孩子很孤傲，也经常在家里嘲笑班里的同学。

家长的教育并没有把他的思想引到正确的轨道上来，教育他如何去尊重、同情或是帮助同学，却让他远离同学，这就使他缺少朋友，陷入孤独状态，性格也会变得越来越孤僻。

善于交往是适应当今社会的一项重要能力，做家长的要注意培养孩子的交往能力，鼓励他们多交朋友。当然，还应该告诉他

们交往朋友要注意的问题：

要明辨是非，选择交往对象。要让孩子懂得，不是每个人都是可以做朋友的。常言道，“近朱者赤，近墨者黑”。如果发现自己交了不该交往的朋友，就要拿出决心和勇气，坚决离开他们。

和朋友相处要做到严以律己，宽以待人。每个人都有优点和长处，也有这样那样的缺点和短处，朋友之间要取长补短，要学习别人的长处，帮助别人改进不足。嘲笑朋友的缺点是最伤感情的。

另外，朋友之间要保持独立性，不要过分依赖，这样才能建立对等的朋友关系。有的孩子形影不离，不分彼此，久而久之，只能给双方带来心理负担。

我们都喜欢自己的孩子，爱自己的孩子，更希望我们的孩子能够快快乐乐、健康成长。这个美好愿望的实现需要我们用心去思考，需要我们作出努力。千万不要使你的爱让孩子感到窒息，有时候，给孩子一点自由发展的空间，一些张扬个性的条件，他们会成长地更好更快。阳光家教，会提高爱的质量。

“早恋”不是“炸弹”

前面我们提到过，孩子进入青春期后，性别意识会明显化，这时候就会渴望与异性交往，有个别学生还会对某一异性产生好感，这属于正常的青春期表现，家长和老师不必大惊小怪。想想自己年少时的情景，或许你就会释然。

其实，青春期男女同学在一起学习、交流、相互爱慕属正常现象。老师家长及同学不能认为男女同学在一起学习、说话、散步就视为早恋。人家本来没有早恋，结果大家都来兴师问罪，导致孩子由于心理的压力或青春期的逆反心理等原因，反而将同学之间的正常交往或者说友谊推向了早恋，即真正意义上的早恋，这就适得其反了。

可以肯定地说，早恋是十分有害的，主要表现在：

影响青少年正常学习和生活。早恋多发生在刚进入青春期的十几岁孩子身上，而这时正是学习的好时光，正处于中学打基础的阶段，一旦陷入早恋，就会无心学习，使学习成绩明显下降。

使青少年思想压力大，心理负担重。陷入早恋的少男少女很担心被家长和老师发现，害怕成为同学们议论的对象，所以极力压抑自己的感情，思想负担较重，心理上矛盾重重，有的改变了原来的天真活泼的性格，变得心事重重，有的甚至导致严重的心理障碍。

有一位女同学，因早恋，与男孩子接过吻，心里害怕极了，情绪一波动便停经了，她又担心自己怀孕，久睡不起，不吃不喝、不说话，想把胎儿饿死。结果家里人找不到原因，却误以为精神病，送到精神医院治疗，自然查不出什么问题。父母亲急得没了方寸，求助于和她关系非常好的一名女同学，才把她的思想疙瘩解开。

有的孩子缺乏坚强的毅力，自我约束力较差，很可能无法驾驭自己的感情，在所谓“爱的旋涡”里越陷越深，不能自拔。特别是一些未谙世事的女孩子，她们依赖性强，渴望得到温暖和爱护。一些不怀好意的较大年龄的男性正是抓住单纯少女的这种心理进行诱骗，他们先给女孩足够的关怀与体贴，又以必然高于中学生的智力和成熟给女孩以帮助和指点，给一些物质上的满足等，于是女孩子往往会对其充满感激。身体上的成熟和好奇心使她们的自控能力减弱，因此常常造成不可挽回的严重后果。人们常说：女孩子要富养，其实就是从物质的满足上来提高女孩子的抗诱惑力。

有一位男生，本来学习挺好，上初中以后，感到自己产生了一些奇怪的变化。他特别喜欢坐在他后面的一个女生，每天都忍不住想回头看她几眼，听到这位女生大声的说笑声，他心里就发颤，有一种异样的感觉。他为自己产生这种念头感到羞耻，以为自己变坏了，又怕其他同学知道后取笑自己，于是就拼命压制自己的想法，不让自己回头。实在忍不住，就用小刀在自己手腕上划。可是手腕上虽伤痕累累，但仍然忍不住要回头。为此他变得精神恍惚，学习成绩一落千丈，整个人的性格都变了。

后来，老师讲了青春期的有关知识，他才明白这是青春期的正常反应，那种羞耻感才有所减轻。老师还像知心朋友一样和他聊天，使他彻底放松了，之后，又帮他把注意力转移到了学习上。

对于现在青春期孩子中常见的早恋现象，学校和家长都很重视，想出各种办法来阻止孩子们的早恋。那么为何早恋仍然屡禁不止，反而在90后的孩子中更多了呢？

首先，要给孩子以理解。每个人都有青春期，每个人都有对美好生活的向往。但由于受传统封建思想的影响，认为早恋就是低级下流的感情，是不健康的、见不得人的行为，这种认识是错误的。

青春期最明显的特点就是性别意识增强，性功能逐渐发育成熟，加之独生子女孤独、脆弱、霸道、任性、与父母的代沟等，他们特别渴望能有知心的朋友，也喜欢与异性交往，所以中学生早恋现象不足为奇，家长不要把“早恋”当作“炸弹”！

说到这里，我倒想起我的“那个时候”，也算是早恋的一个“疑似病例”吧！其实是“被早恋”了。

上到初三的时候，班上有一名男同学总是给我的书本里偷偷地夹纸条，上面写一些让人脸红心跳的话，把我搞得身

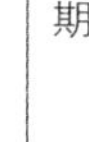

心疲惫，又不敢向任何人说，那个时候说出来那可真是一枚“炸弹”！害得我每天提心吊胆的，总害怕一翻书会冷不防掉下一张纸条来。开始他没说自己是谁，这更让我郁闷，除了害怕之外，还得费神去挖空心思地猜想这个神秘人物到底是谁。后来见我没任何反应，他终于说出大名来。这倒让我淡然了一些，好在我意志坚定，还算扛得住“诱惑”，愣是没理他，以后和他连话也不说了，见了他就躲。就这家伙一学期的折腾，愣是把我这个年级第一名拖垮了，中考没考上一中，以后心里那个恨呀！

我至今还在想当年要不是受他影响我的前途会不会更光明一些！

像我当年这种情况的女孩就不应该受到老师和家长的责备，多冤呐！自己也是受害者呀。在这种情况下，家长如果不问青红皂白就去斥责，必然会引起孩子的逆反心态，甚至会严重挫伤孩子。应该站在孩子的角度，一起面对，和孩子结成同盟，找对方谈心，说理教育，帮助孩子走出困境，摆脱不良影响。

其次，要懂得尊重他们。早恋的出现预示着孩子们长大了，成熟了，我们应该为孩子的长大而感到欣慰和高兴，同时要指出，现在恋爱不合时宜、为时过早，即便双方学习没有受到影响，那也只是暂时的，时间一久，会妨碍双方的学习等，最终丧失远大的理想和抱负，还会因感情纠葛伤害彼此。

早恋学生的激情早已不再班级里，同学们都用异样的目光看待他们，老师生怕出事惹祸，对待他们也用冷淡、严肃的态度。家长更是怒气冲天，严密封锁，围追堵截，狂轰乱炸。这样做不仅不能使早恋降温，反而会使他们感觉到全世界就他俩能互相理解了，从而使他们彼此之间更加离不开对方了。家长应该在这个时候更关心孩子，用爱心、细心加耐心使孩子明白早恋的危害，觉得爸妈更值得信赖。

再次，丰富孩子的业余生活，陪他们轻松聊聊天，周末一起带孩子出去散步、郊游、打球，注意培养一些健康有益的兴趣爱好，转移他们的注意力。也可以打入他们的朋友内部，培养一个“卧底”，了解事情的来龙去脉，然后对症下药。

最后，帮助孩子分析自身的情感问题，循循诱导，进行性教育，使他们消除性神秘感，区分友谊和爱情的关系，使他们领悟到青春期对异性产生好感和爱慕是正常的，但由于心理尚未成熟，各种价值观均不明确，又缺少生活经历，接触范围有限，还不是恋爱的季节。

对于青春期孩子早恋的现象，学校和家长的焦急心态是可以理解的，但是要有效地避免孩子被早恋所影响，还需从“心”做起，这个时候孩子最需要帮助，要耐心引导他们正确对待早恋。发现孩子有早恋倾向，家长也不必过分紧张，对早恋学生一定要多关心，多疏导。要以平常心看待他们，教育转化工作要循循善诱，不得操之过急，方法要灵活多样，要给一定的时间，让他自己去摆脱。相信大多数孩子能够明白早恋的危害，如果我们能用恰当的方式引导孩子，会使他们尽快走出误区。

在这里，我也奉劝有早恋倾向的中学生，不要去品尝“早恋”的滋味。有人把早恋比作一个青涩的苹果，瞅着好看，摘下来却不能吃，就是说早恋苦多于甜，弊大于利。

只有孩子自尊自爱，在青春期与异性交往时觉得坦然，才能产生自信和理性，才能做到端庄自在，落落大方，才能很好地控制自我，愉快地享受异性之间的友谊。

世间万物各有时节，过早的成熟，就会过早的凋谢。既然还在春天，就不要去做秋天的事。

逆反心理在作怪

许多家长都有一个相同的感觉：孩子上了中学后越来越不听

话了，胆子也大了，主意也有了，你说要这样做他偏要那样做，不管对的错的，总要和家长犟嘴，脾气大得不得了等等。其实这就是逆反心理在作怪。

孩子进入青春期后，面对生理和心理的日趋成熟，多数表现都会比较叛逆、敏感、缺乏情绪控制能力、行为冲动。孩子过于严重的逆反心理，与青春期家庭的教育环境、方式和学校教育方式的不当有直接的关系。

家长认识上的错误，教育方式的不当，使孩子产生了逆反心理。一些家长缺乏普通的心理学常识，对子女教育急于求成，方法简单粗暴，经常无视子女的自尊心和心理承受能力，特别是孩子们有了过失时，不是与孩子们一起分析错误，商量补救办法，而是责骂甚至殴打孩子，使孩子在犯错误时感到孤立无援，产生叛逆心理。

有一名女生，因为和父母关系不好，有一天和妈妈吵架后便开始逃学，从此不去学校，整天在外面闲逛，学校家庭两头欺骗，爸爸妈妈做生意很忙，教育文化程度不高，对她关怀不够，沟通方式多为说教、打骂，基本的交流模式为：数落、责怪、谩骂、动手，从来没有安静地坐在一起聊过天，这样逐渐发展为厌烦与父母沟通，对家里人一副无所谓的态度，之后妈妈尝试跟她谈心，她理都不理，跟家里一有争执即离家出走。因天天和一些社会不良朋友出外玩，在此间认识一男友，去年12月因为被妈妈发现责骂，愤而离家出走，再没有回来。

这就是简单粗暴的教育方式加重了孩子的逆反心理，从而使孩子出现极端的行为。

家长态度生硬，孩子也会逆反。中国长期的家长专制思想在一些家庭中仍然存在，家长对子女的教育缺乏民主意识，总认为孩子还不成熟，要绝对服从自己，不能有自己的看法，否则就是“忤逆”“对着干”。因此，孩子不会或很少会把父母当成自己的倾诉对象，怕自己做错事后，受到家长责备。许多中学生认为自己做错事后，最反感家长的指责，而对他们反感的原因是因为家长们盛气凌人，态度生硬。

父母与子女缺乏双向交流，产生思想矛盾，也容易使孩子逆反。随着孩子的成长，独立意识渐强，要求有自己的处事方式，不希望受到过多的管束。而家长出于对子女的保护，什么事情都替孩子包办。这样，子女的渴望独立与家长不恰当的好意关心，就会产生思想上的冲突和矛盾。因此，没有一个和谐温馨的家庭环境，与父母缺乏交流，孩子就容易产生叛逆心理和叛逆行为。

一个13岁的小男孩从小就被父母过度溺爱，但他实在受不了父母把他当“宝贝”的做法，对这种溺爱非常反感，后来发展到蛮横地拒绝父母的一切关爱，越关心他，他就越反感，越是和父母对着干。但父母并没有考虑儿子的真实想法，而是一如既往地提供他并不需要的关怀和帮助。为摆脱父母的溺爱，小男孩从上小学起就开始瞒着父母积攒零花钱，并决意在18岁后离家独立生活。父母说他身在福中不知福，而他自己认为离开家会使他脱离“苦海”。

家长要转变角色，尝试着跟孩子交朋友，多听听孩子的想法，了解他们真正需要什么，心平气和地沟通交流，既要观察孩子动向，了解孩子内心世界，适时引导孩子，又要给孩子一个适当的自由成长空间。这样才能帮助孩子平稳度过青春期，尽享和谐的亲子关系。

学校老师的教育方式也是导致学生叛逆心理的原因之一。有些老师不了解学生的心理特点，居高临下，指示学生必须怎样想，必须怎样做，根本不与学生交流思想，共同探究，学生好奇心、求知欲、成就感得不到满足，这也容易激起学生的叛逆心理。

学生在某些方面不如意，会在心理上造成压力，当找不到合适的途径排解压力时，便产生了逆反心理。

网上曾看过这样一篇报道：有一名男生，小时候跟爷爷奶奶长大（留守儿童），六年级时，因为不听话被送回父母身边，父母平时工作都忙，没有太多时间关心他，与他交流。回到父母身边后，择校时没如他所愿，由此开始厌学、逃学，天天出去玩，并认识了一些社会上的“朋友”，开始玩网络游戏。家人发现，将其转学至另一家民办学校，但他已经上网成瘾，行为并没有好转，反而变本加厉，多次被校方通报批评，最后因为与同学在网吧玩游戏三天三夜，被警方送到学校，被校方开除。从此闲在家不读书，天天跟朋友出去混（网吧，KTV，敲诈，抢钱），父母为让其不出去玩而给他买了电脑，他便天天宅在家里沉迷于网络游戏，玩上瘾时废寝忘食，父母阻止其玩游戏，他却破口大骂，甚至大打出手。父母无奈，将他关在房间里，他就采取自残等行为来要挟父母让其上网。

青少年处于性格形成和自我意识增强的时期，常通过否定权威和标新立异求得自我肯定，往往表现得固执，并有意采取与他人不同的态度和行为，引起别人的注意，再加上青少年自身心理的不稳定性，也容易产生逆反心理。

家有青春期孩子，家长需要遵循孩子的个性发展特征，找到适合自己孩子的教育方式。面对孩子的逆反，家长要摆正自己的姿态，保持平和的心态来和孩子沟通。

我觉得要消除孩子的逆反心理，就是要走进他们的内心世界，内心世界的交流是没有任何防线，站在他的角度心平气和地交谈，不管你说什么，一般孩子都容易接受。

第一、用温暖的方式。父母不要因为孩子是自己的，想打就打，想骂就骂，认为这没有什么了不起的，这就错了，往往会使得其反。您要真正理解、尊重、信任孩子，看到孩子的某些变化或者反常行为时，不要惊慌失措，更不能动辄打骂，否则只会激起孩子的叛逆心理，导致破罐子破摔，加剧亲子间隔阂。

第二、尊重孩子的独立性，给他们一定的自主权利。跟孩子以平等的方式谈话。即使孩子脾气倔强，也不要用命令和训斥的口气，粗暴和强制只会招致孩子的对抗和反感，甚至逃避，让孩子更加逆反。

第三、做孩子的知心朋友，真正了解孩子的内心世界。孩子只有感受到父母的关心、尊重、理解，便会将其视为最可信赖的人，做孩子的知心朋友，感情就能得到真正的交流。在这种状态下，孩子更容易接受教育和指导。

第四、处理问题，父母要步调一致。不能父亲这样说，母亲又那样说。父亲在严厉地教育孩子，母亲却在一旁护短。面对孩子的问题，父母要先商量一下对策，口径一致后，再与孩子进行交流。

第五、多鼓励孩子，少指责他们。孩子做错了事，但他没意识到，父母批评孩子，要讲究一个策略方法，指出他们的问题实质，要鼓励他们去改正和改变。父母不能用大人的腔调来宣泄自己的不满。

80后女孩周婷婷，出生后又聋又哑，但她的爸爸周弘并没有灰心气馁，而是通过赏识教育彻底改变了这个女孩的命运，使婷婷成为我国第一位少年聋人大学毕业生，2011年她考进美国加劳德特大学攻读咨询专业硕士，成就了她最大的梦想。她被称为中国的海伦·凯勒。

周婷婷说："赏识教育让我懂得热爱生命，珍视生命，追求快乐的人生价值。"

孩子需要尊重，渴望独立，希望家长把自己当成大人看待。由于心理上没有达到成人的标准，在面对诸多复杂的矛盾和困惑时，内心依然希望得到家长和师长在精神上的理解、支持和保护。

温馨提示

每个人年轻的时候都会犯错，犯各种各样的错。但是大多数错误都没有到了不可原谅的地步。作为家长千万不要用刻板的方式压制孩子，这样反而会使他们的逆反心理加重。

第七章　七年级学生行为习惯的培养

人的一生，都和习惯相伴，好的习惯让人受益终生，坏的习惯可以毁掉一个人。而一种习惯养成以后，要纠正和改变需要花费太多太多的精力和时间，有的习惯甚至终生难改。养成一个好习惯要比改掉一个坏习惯容易得多。

好习惯——成就未来的捷径

一个学生家长和一个中学的校长在火车上遇到一个北大教授，教授谈起了北大的一种现象，说学历越高的学生的宿舍越脏，自理能力越差。大学教授说是由于中学的应试教育造成了这样的局面，中学校长说是由于家长为孩子包办一切的原因，而这位家长又说是大学的管理不严造成的。三个人为此争论了一路，谁也没说服谁。

观察家长对孩子教育的重视程度，往往是托儿所的家长强于小学的家长，小学的家长强于初中的家长，初中的家长就会有所松懈。许多家长错误地认为孩子进了初中，年龄大了，知道学习了，就不用操心了。

多年来，我遇到许多家长，当孩子在学习、行为方面出了问题时，就会讲“我又不懂教育，孩子放到学校，教育孩子就是学校的事情，孩子出了问题就应该由学校来负责。”这不是简单的责任推卸，而是家长对家庭教育的认识有了问题。

曾经有一位著名的钢琴教师在收学生时，有这样一段有趣对话：

他问第一位孩子：“你原来学过什么？”

孩子回答：“我什么都不会。”

他说：“好！你的学费是500元。”

同样的问题又问第二位学生。

第二位学生说：“我已经学了一年的钢琴。”

他说：“好！你的学费是1000元。”

家长不明白，问：“为什么我的孩子已经有一年的基础了，却要付双倍的学费？”

那位老师肯定地说：“是的。因为我要花双倍的时间来纠正他在那一年中养成的不良习惯和错误动作。”

世界上最可怕的力量是习惯，世界上最宝贵的财富也是习惯。

孩子的心灵是一块神奇的土地，你播种一种思想，就会收获一种行为；播种一种行为，就会收获一种习惯；播种一种习惯，就会收获一种性格；播种一种性格，就会收获一种命运。行为习惯对于孩子的生活、学习乃至事业上的成功都至关重要。

学习家长好榜样

东晋名相谢安的夫人在教育儿子时，责怪谢安说：“怎么从来没有见你教导过儿子？”谢安回答说：“我经常以自身的言行教导着儿子。”

这个故事其实告诉了我们这样一个几乎人人皆知的道理：作为父母，应该重视对子女进行言传身教。父母的言行是对孩子最好的教育，在耳濡目染之中，父母的性格必定会在孩子的生命里得到延续。

青春期是孩子性格形成、人格独立、思想意识逐渐清晰的一个最重要阶段。这个时期，父母、老师的行为对他们将会产生很大影响。父母是孩子的第一位老师，他们的言行举止通过潜移默化，通过模仿、暗示和感染的心理机制影响着孩子性格的形成和人格的成长。然而令人遗憾的是，在现实生活中，大多数家长都像谢安夫人那样，非常重视“言教”，对孩子可谓谆谆告诫，动之以情，晓之以理，而对“身教”问题，却缺乏谢安的远见和智慧。

还有一些父母不注意以自身良好的言行去教育孩子，为孩子作榜样，却常常责怪孩子这也不行那也不好。

比如，有的家长平时对孩子不管不问，考不好成绩时才“严加管教”；有的家长经常晚上在家里打麻将，玩得忘乎所以，却强迫孩子自个儿在房间里看书学习；家长自己从来不读书看报，却要求孩子喜欢阅读；有的家长不注意生活细节，常常乱丢垃圾，甚至随地吐痰，却希望孩子养成爱清洁讲卫生的习惯；有的家长随意对孩子空口许诺，不守信用，却叫孩子诚实守信；有的家长脾气暴躁，动不动发火、骂脏话，甚至动手打孩子，却要求孩子言行文明，懂事讲理……

这样做，不但起不到一点正面教育作用，反而无意中对孩子的成长起到了不良的影响。而在青春期，父亲的阳刚之气、母亲的阴柔之美，父母的性格以及做事情的风格、说话的方式等等，对男子汉气概、女孩子柔美等品质方面的影响都是深远的。

有一名同学，在老师和同学的眼里，他是一个“问题学生”，性格外向，脑瓜很灵，见多识广，字写得很漂亮，

画也画得不错，但他脾气大，纪律散漫，很自以为是，同学们都不大喜欢他，没人和他做朋友，学习习惯不好，学习态度不端正，七年级时还是班上前几名，到九年级时已滑到中游，中考成绩自然不理想。

一面是见多识广的聪明表现，一面是平平无奇的学习成绩；一面是开朗外向的性格，一面是没有朋友的寂寞。长期的心理需要得不到满足，造成他“心理失衡”以致难以合群的个性。一天到晚，他不是与人唇枪舌剑，便是幸灾乐祸。他认为与别人对抗得越激烈，他越能享受到快乐，甚至经常与老师也发生冲突。

班主任通过了解家庭情况，才知道这个孩子的症结所在。他的父亲是领导干部，所以平常与他接触的大人都对他说恭维话，总是千方百计地去迎合他的口味，满足他的要求。由于父母工作忙，平日里孩子一直由外公外婆照管，外公外婆对外孙总是过于宠爱，于是使得这孩子一直处于以“自我”为中心的氛围中。来到学校后，同学不卖他的账，老师也不会无原则地去迎合他的口味，所以他心理很不平衡，就常常以一些一反常态的行为来引起别人的注意，受到批评后又不思悔改，反而越加严重。

家庭是社会的细胞，是人生的第一所学校。家庭教育的好坏直接影响着一个人的成长。现代的父母都很重视家庭教育，孩子吃穿优先，学这学那，只要是学习需要的，再贵都舍得投资，但往往忽视了感情投资，忽视了对孩子的品行教育。

生物课上老师提问：青蛙和癞蛤蟆有什么区别？

曲小丛回答：青蛙是保守派，坐井观天；癞蛤蟆是革新派，想吃天鹅肉。

一生受用的品格教育

中学阶段正是孩子性格形成阶段，不注意引导会造成孩子性格偏激，影响以后的发展。现代孩子大多都是独生子女，他们成才与否，不仅关系到这些家庭的幸福，也关系到国家的前途与未来。然而，决定一个人成才的条件是多方面的，它不仅需要健康强壮的体魄，聪明活跃的大脑，更需要优秀的品德，良好的性格，如勤奋、谦虚、坚韧不拔的毅力、善于交往的个性等，这些是取得成功的重要保证。当前，对这些品格的培养应立即提到重要议程上来。

我一位朋友的女儿是高三的学生，爱好广泛，活泼开朗，喜欢体育运动，学过跆拳道、书法、钢琴。每个爱好都小有成就，学习成绩在重点高中也是名列前茅，是父母心中优秀的女儿，也是老师所期望中品学兼优的学生。

我经常会请教她在教育孩子方面的经验，她也常常对我讲一些关于他们和孩子的事情。孩子从小体弱多病，所以爸爸妈妈对孩子的培养付出了很大的辛苦。孩子从来没有离开过父母，没有因为工作忙而让别人带，孩子的奶奶和外婆都主动要求带孩子，可他们觉得教育孩子是父母的事，别人替代不了。

从五岁时她就在爸爸的陪伴下，天天坚持步行上学，假期也要早起带孩子跑步、打羽毛球、踢毽子，一直坚持到孩子上了中学。随着锻炼时间的延续，体质也越来越好了。在锻炼的时间里和孩子愉快地沟通，解答孩子的提问，共同学习各方面的知识。

十岁时，父母引导孩子开始自学英语，小学毕业时就自学完了新概念一册。孩子从小在学习时，父母就不陪在她的旁边，但他们的习惯是在别的房间看书或聊天看报陪伴她，等孩子学完了睡觉了，才和孩子一起去睡觉。

每个周末和孩子一起去看望爷爷奶奶外公外婆，以自己的孝顺行为影响孩子。

朋友常说：教育孩子其实就是一种潜移默化。

这是个很出色的孩子，她的出色不是天生的，而是与她的父母培养教育分不开的。父母创造的家庭教育氛围适应了孩子成长的需求，促进了孩子的健康发展。

父母掌握了家庭教育的方法。知道家庭教育对孩子成长的重要性，有意识地对孩子进行品格教育，努力积极地创造适应孩子健康成长的家庭氛围。

爱孩子但不宠、不溺爱孩子。她是个独生女，但在她的成长过程中，父母没有过分溺爱她，家庭成员关系融洽，相互尊重，使孩子在“被爱”中学会了“爱”。

注意培养孩子广泛的兴趣爱好。孩子的业余生活丰富，特别是父母从小带她坚持锻炼，锻炼增强了身体素质，让孩子的生活起居十分有规律，而且有了坚忍不拔的毅力。这些都对孩子的性格和学业都起到了积极的作用。

坚持自己的孩子自己教育。一个父母如果没有决心去教育自己的孩子，难道就能相信别人会把您的孩子教育好吗？教育不能指望他人，对孩子要有责任心，这绝对是家庭教育不能动摇的根基。

父母在学习能力上有意识地进行了培养。父母在孩子的学习上，态度端正、松紧适度，不是只注意孩子的成绩，更注重孩子的自学能力的培养，特别是在英语上付出很多的努力，也取得了让人羡慕的成果。

父母要有家庭教育的意识，注重孩子行为习惯和细节上的培养。

家庭环境是孩子成长的土壤，父母要以身作则，潜移默化地影响孩子，创造一个适应孩子的成长沃土，孩子才能健康成长。

培养一个孩子不是一朝一夕的事情，父母应该拥有教育孩子的恒心和毅力，孩子的每个优点和长处是一点一滴地培养出来的，不能急于求成。

培养孩子做事坚持到底的毅力，有助于孩子坚忍不拔性格的形成，可以促进孩子良好习惯的养成。

沟通是父母引导孩子成长的桥梁，尊重、平等是沟通的基础。在交流中向孩子渗透自然、社会、科学等知识。这种立体式家庭教育氛围给孩子带来的效果是体质增强、意志坚韧、学习兴趣增加、与父母的关系融洽，是一种值得推广的家庭教育互动形式。

近年来，一些存在于青少年学生中的人格扭曲、道德沦丧、违法犯罪等现象，向我们的老师、家长乃至全社会敲响了警钟。身为父母，重视孩子的品德与做人比重视孩子的学习成绩更重要。缺乏品德教育将会成为孩子一生无法弥补的重大失误。无论您的家庭状况如何，无论您的学识水平如何，也无论自己的孩子先天条件如何，每一位父母一定要以自己的品行把对孩子的品行教育贯穿在家庭教育的始终。

小事不小

1987年，75位诺贝尔奖获得者在巴黎聚会。

有记者问其中的一位老人：“您在哪所大学学到您认为最重要的东西？”

那位老人平静的回答：“是在幼儿园。”

“在幼儿园学到什么？”

“学到把自己的东西分一半给小朋友；不是自己的东西不要拿；东西要摆放整齐；吃饭要先洗手；做错事要表示歉意；要仔细观察大自然。从根本上说，我学到的最重要的东西就是这些。”

这是一位饱经沧桑、成就斐然的老学者的肺腑之言，是老人对自己一生的总结。对望子成龙的父母来说，老人所说的一切都是微不足道的小事，但正是这些小事，却形成了老人日后成功的基石。

可令人遗憾的是，在我们的家教方面，欠缺的恰恰就是这种教养、品质行为习惯等方面的培育。

好多家长不在乎生活中的这些小事，常常说：“这点小事叫他去做，还不如我一下子做了，磨磨唧唧的等半天还做不好，还得让我重做。”所以宁愿跟在孩子后面提鞋带，也不愿引导孩子亲手去做。

古人说：“一屋不扫，何以扫天下”，“勿以善小而不为，勿以恶小而为之”。培养学生良好的行为习惯，必须要求学生从小事做起。

许多学生《规范》《守则》背的滚瓜烂熟，却随地吐痰，乱扔纸屑，许多孩子在街头巷尾学雷锋做好事，回到家里却饭来张口，衣来伸手。因此，孩子的养成教育要达到”随风潜入夜，润物细无声”的佳境，需要从点滴的养成教育做起，见到客人主动

问好，吃完零食把果皮果核扔进垃圾箱；在家里做一点自己力所能及的家务活；衣服干净整洁；做作业不用家长督促……

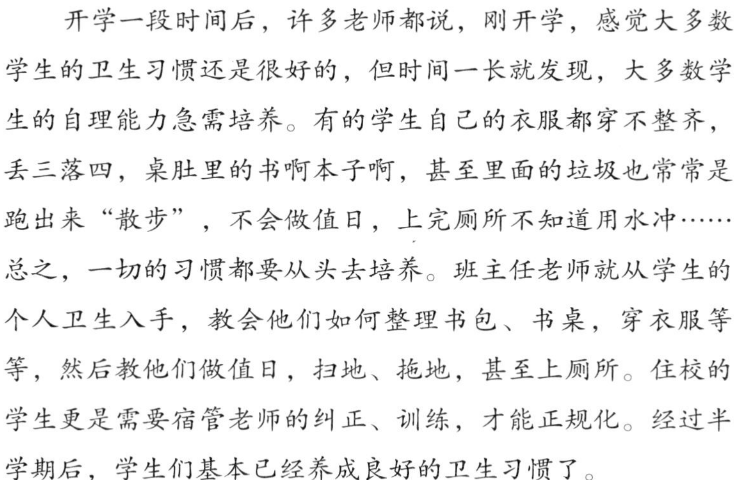

开学一段时间后，许多老师都说，刚开学，感觉大多数学生的卫生习惯还是很好的，但时间一长就发现，大多数学生的自理能力急需培养。有的学生自己的衣服都穿不整齐，丢三落四，桌肚里的书啊本子啊，甚至里面的垃圾也常常是跑出来“散步”，不会做值日，上完厕所不知道用水冲……总之，一切的习惯都要从头去培养。班主任老师就从学生的个人卫生入手，教会他们如何整理书包、书桌，穿衣服等等，然后教他们做值日，扫地、拖地，甚至上厕所。住校的学生更是需要宿管老师的纠正、训练，才能正规化。经过半学期后，学生们基本已经养成良好的卫生习惯了。

培养孩子良好的行为习惯，必须要求从小事做起，从身边的事做起：早上自觉起床、上学穿校服、衣帽整齐、出门打招呼、排好队、走好路、吃好饭……千里之行，始于足下，百尺高楼平地起，从这些看似微乎其微的琐碎小事，可以看出一个孩子的行为习惯和品质。

每一个生活细节都可能成为蕴含重大教育意义的事件，这些看似平平常常的小事，都可以扩展为孩子的一个好习惯或坏毛病。良好的道德素质就是建立在良好道德习惯之上的。

一切从头开始

进入中学以后，孩子们就像个小大人一样，对于一些有利于自己的要求能够去理解和执行。他们怀着兴奋、自豪的心情跨进中学的校门，看到的是新的校园，结识的是新同学，讲课的是新老师，他们对周围的一切无不充满期待。面对新的环境，他们充满了新的希望，普遍怀有对未来中学生活的美好憧憬和积极向上的愿望，渴望给新老师和新同学留下一个良好的印象。即使在小学学习成绩不太理想、行为表现也不太好的同学，也往往暗下决心重新开始。

因此，家长和老师都可以利用这个时期，鼓励他们一切从头开始，给他们热情的支持和期望。对小学时成绩欠佳，表现不够理想的学生，千万不要当老师或同学的面揭原来的“老底”，以免挫伤他们的上进心，要鼓励他们开好头。

七年级思想品德课程也主要是针对学生的养成教育和心理教育开设的，学校和家庭如果能很好地结合起来，会使孩子在这一阶段出现大的转变。学生如果一开始养成了坏习惯，以后再想改掉，将会付出更大的代价。

七年级学生刚入学时在文明礼貌方面的差异比较大，主要是家庭环境的原因，也有个人习惯和性格方面的原因，有些学生性格开朗，无论见到熟人或陌生人都能主动问好，可有些性格内向、胆小的学生，就算老师和家长在旁边提醒也无济于事。老师教育他们时时处处讲文明懂礼貌，从见到老师主动问好，到见到垃圾要弯腰，再到上下楼梯靠右行，都一一作了具体要求。有些同学马上就能做到，而且做得很好，有些还是做不到，但在一些孩子的带领下，那些性格内向、不敢讲话的孩子也慢慢开始主动问好了。刚开始，学生们仅仅对自己的任课老师问好，但我常常和学生说的话就是：有礼貌的人谁都喜欢！在校园里还要问其他老师好，父母接送时应该表示感谢，并有礼貌地问候或再见，回到家里要和家里人打招呼……通过一段时间的训练，孩子们已经养成了良好的文明礼仪习惯，看到一群快乐又有礼貌的孩子，谁又能不喜欢呢！

多一个好习惯，孩子心中就将多一份自信；多一个好习惯，人生中就多一份成功的机遇；多一个好习惯，生命里就多了一份享受美好生活的能力。所以，为了孩子，从现在开始，培养孩子良好的习惯吧。只要有信心和耐心，一切都还来得及。

住校生的难题

现在许多农村学生会选择到城里上中学，有些家长会在学校附近租房子陪读，更多的学生需要住校，对于从未离开过家的十一二岁孩子来说，这无疑是一道难题。这意味着要离开父母的“包办”，一切都需要自己来安排了。

不少父母因为孩子住校而舒了一口气，认为从此孩子可以由学校来管理，自己不用多操心了。而事实上，学校教育代替不了亲子教育。

首先，父母是孩子人生最初的老师，对孩子的了解胜过教师。

其次，父母与孩子的亲情关系更有利于与子女交流，能收到润物细无声的效果。

再者，父母与儿女的关系，是二对一的关系，关心的机会多，而班主任与学生的关系是一对七十的关系，是难以普施雨露的。没有家庭教育的补充，学校教育是跛足的。

有一名女生，以优异的成绩考进某校，父母也深感光荣，决定节衣缩食培养女儿上中学，考大学。在经济上，父母确实没有亏待孩子，要多少钱就给多少钱，孩子也不负众望，成绩在全年级名列前茅。可是，父母总认为孩子教育靠学校，自己给钱就行，使孩子心灵缺少亲情的抚摸而产生了心理问题。这个女孩太想家了，以至最后茶饭不思，上课也走神，到七年级第二学期成绩迅速下滑，班主任老师了解到孩子出现问题的根本原因是想家，无心思学习，马上找家长一起想办法解决。

想家，是七年级住校学生的普遍问题，老师和家长都不能忽视，应该从身体、心理、品德等各个方面给住校的孩子更多的关心与关爱。我觉得，对于从未离开过家的孩子来说，住校之前家长应该对孩子进行“住校培训”，从叠被子到整理内务，从学会照顾自己到与同学友好相处，从礼貌待友到主动打水扫地等等。使孩子住校后能很好地适应集体生活，避免因孤独而想家。

在应试教育的影响下，分数是学生的命根，也是父母的命根。不少父母难得过问孩子的住校情况，即使过问，也是关心分数。事实上，孩子的身体和心理状况比分数更重要。看望孩子时首先应该问问孩子的身体状况，再关心他们是否开心？有没有烦恼？习不习惯集体生活？和同宿舍的学生是否都合得来？

就一般情况而言，父母对儿女最不缺少的就是一颗爱心，然而，光有一颗爱心是远远不够的，那是母鸡都具备的。我们的父母应该爱之有道，爱之有法。

几天没见了，孩子见了父母有一肚子的话要说，这时父母要学会“倾听”孩子说话，这本身就是一种关怀，孩子的苦恼会在你的倾听中释放，孩子的心扉会在你的倾听中打开。为什么多数中学生觉得与父母无话可说？其重要原因就是父母不会倾听，而是反复地强调学习，剥夺了孩子的话语权，这样会使孩子扫兴。

一名住校孩子写给妈妈的信

那天，你牵着我的手，把我带到这里，告诉我就要开始新生活了，然后你笑着跟我说再见，这一句“再见”，我要用一生来记取，因为就在这一句“再见”后，我开始尝试独立。

这里的一切我都不认识，我好希望你能陪在我身边，我好希望你不要留下我一个人！可是，没有！你不在，你也不会来，我叫你你听不见啊！妈妈，你知道吗？来这里前，我不知道什么是寄宿，我不知道什么是分别，我不知道什么是忍耐，我不知道面对这一切对我来说会是这么难。最最难过的是晚上啊！我躺在床上，好像不记得怎样才能入睡，满脑子想的都是你，我想你的气息，想你的声音，想你的一切，思念的感觉第一次真真切切地撞进了我的心里，我的心好痛。

幸好有爱我疼我的老师，幸好有这么多朝夕相处的同伴，幸好学校丰富多彩的生活激发了我强烈的好奇。我慢慢发现了生活中另一些美好的事物，我可以暂时地把你，把对你的思念放在一边了。

这就是成长吗？真是个奇妙的历程。这其中有痛更有快乐，这其中有舍弃更有获取。这奇妙的历程，让我对所有的陌生不再恐惧，让我对所有的困难不再回避，我知道，成长路上必经的一切我都要坦然面对……

妈妈，我要对你说：相信我好吗？相信我愿意迎接挑战，相信我能够直面挫折，相信我能坚持向前，相信我会健康成长。

为英语考级，大家都赶紧拼命地学英语，一些笔记不得不在其他课上做。

某日，历史老师发现讲台下一学生忙得不亦乐乎，心中诧异，遂走下讲台，悄悄到她身旁查看。

该生忙了一阵子，觉得气氛不对，猛抬头，见历史老师正笑眯眯地看着她，见她抬头，老师温和地说："你觉得你用英语做笔记比用汉语记得快？"

那天办公室来了一位家长，先是诉说自己的孩子成天怎么和他吵架，怎么和他的妈妈作对甚至出手打妈妈。后来又大谈如今的孩子怎么怎么没良心，父母对他们付出了一切，满足了他们的一切，孩子却一点也不知道好，不懂得感恩。社会环境如何如何的差劲，简直比万恶的旧社会还万恶一百倍，他认为这一切都是社会影响造成的。但丝毫没意识到自己的教育方式上的问题。

我问他："孩子小的时候是不是也这样？"

他说："小时候乖着呢，越大越不听话，越大越混账！"

我说："那不怪孩子，也不怪社会，是你的教育出了问题。"

在我们周围，有许多家长对孩子的爱心教育并不重视。有的家长认为，现在就这么一个子女，只要自己有能力，孩子想要什么，我就给他什么，图的就是让孩子快乐、幸福；也有的家长认为，对孩子来说，最重要的就是多学点知识、技能，在聪明才智上超越他人，至于其他方面，用不着这样教，孩子大了自然就什么都会了；更有甚者，把孩子的任性、自私、霸道等表现视为孩子的聪明而加以纵容。

一次坐公交车，上车时，只有最后一排有一个空座位，有一个不算大的手提包放在上面，两旁坐着母女俩，我走过去，问道："可以把包拿起来让我坐这个座位吗？"母亲并不回答，一脸不情愿的样子，将手提包拿了起来。我坐下以后就在想，这位母亲会教出一个怎样的孩子来？

这种自私自利的情况还很多。例如，人们排队等公共汽车时，有的父母让孩子站到队伍前面去，占好座位，以便

自己上车后能坐下，这就是自私，就是教孩子怎样搅乱社会秩序。而且，孩子犹豫时，座位没有了，后面上来的父母就说："你磨磨蹭蹭干什么呢！"竟然训斥孩子。这种以自我为中心的父母，只能培育出没有同情心的孩子。父母的"只要自己家好就行"的想法，会使孩子成为自私的人。而最终，这样的父母将吃到自己酿造的苦果。

现在的孩子都是在几个家长的呵护下成长的，他们心安理得地享受着大人们的关爱，却很少去关心别人，对周围的人和事缺乏应有的关爱，这样长久下来，就会让孩子失去爱心，变成一个冷漠的人，一个与社会脱节的人，一个自私自利的人。正是因为这样，我们就更要培养他们的爱心。

孩子的心就像一块广袤的土地，种植邪恶，就会滋长邪恶，泯灭良知；种植仁爱，便会收获关心、宽容、同情。自私的父母会造就自私的孩子。

刚入学时，我发现有一名学生给班里带来了一盆很漂亮的菊花，有时上完课就站在旁边欣赏那盆花。一个多星期后，陆陆续续开出了十几朵花，一下子把教室点缀得生机勃勃起来！孩子们聚集在这小小花盆前，你一言我一语，有的说：这些花真好看，我看教室都快成了漂亮的花房了！有的说：有些花花草草真好，我感觉像是在家里！还有的说：教室里有花感觉真好……我想学生发自内心的话语比任何的说教都有效果的。这时我就补充："是的，我们的班级好比一个大家庭，同学们就是我们的兄弟姐妹，有这么多的亲人，我们多幸福啊！我们都应该感谢给我们带来美好感觉的这位同学呀！"第二个星期，教室里悄悄地又多了许多花草，孩子们都养成自觉照看花草的好习惯——给他们加水，整理花

架，还时不时搬出去晒晒太阳……在每个孩子的心里，教室就是他们的家，他们爱自己的家，他们把自己心爱的物品带来与大家分享。之后，这个班的同学越来越团结，互相帮助的事情也越来越多，孩子们的爱心感染了大家。

然而，有些家长并不理解这一点，一听说孩子要拿花到学校便开口就骂："教室里放不放花与你有啥关系？把你的心思用到学习上就行了，闲事少管。"等等，这种做法会扼杀了孩子的爱心。这个孩子还怎么去关爱别人呢？要知道，一个没有爱心的人就没有朋友，就会陷入孤独，将来也就不会孝敬自己的父母。

一位西班牙先生，永远忘不了小时候他父亲做的一件小事。

一次，爸爸带他去排队买票看马戏。排在他们父子前面的，是一对夫妇，带着8个孩子，看上去，最大的孩子也不超过12岁。可以看出，这家人的生活并不富裕，身上穿着廉价的衣服，却洗得很干净。孩子们都很有教养，他们两个人一排，手拉手依次站在父母后边，叽叽喳喳地谈论着晚上就要看到的小丑和大象的表演。看他们的兴奋劲儿就知道，这是他们生活中一个十分精彩的夜晚。

当售票员小姐问要买几张票时，那位父亲骄傲地回答："我们要8张孩子票和2张大人票。"售票员小姐告诉了他票的价钱。孩子的母亲拉了拉丈夫的手，望着他。那位父亲的嘴唇开始颤抖，他朝前靠了靠，又问道："你刚才说是多少钱？"售票员小姐又重复了一遍。那位父亲的脸上露出难色，慢慢俯下身去，打算告诉孩子们，因为带的钱不够，今晚看不成马戏了。

这个时候，男孩看见自己的父亲把手伸进衣袋，掏出一张20元的钞票，又悄悄地把它扔到地上，男孩又看到爸爸弯腰捡起那张钞票，拍着那位父亲说："先生，您的钱掉

了！”那位父亲马上领会了爸爸的好意。他接过钞票，忍着泪水，激动地说：“谢谢！这些钱实际上意味很多，很多。”

那天晚上，男孩跟爸爸回家了，虽然父子俩没能看成马戏，但男孩却非常高兴。

虽然爸爸没有直接说出“做人要有爱心”这样的话，但爸爸真诚助人的行为却给孩子留下了深刻的印象，以至这些行为成为日后滋养他成长为有作为、有爱心的人的重要养分。

我女儿小时候在外面看到一些流浪的小猫小狗总会带回家来，她老是说它们没有家太可怜了，看到孩子这么有爱心，我很高心，只好帮她养起来。但这又让我很纠结，因为那些小动物需要人照顾，而且会使孩子整天围着他们转，连写作业也影响了，家里也被这些小家伙弄得不成样子，有一回，小狗“豆豆”弄丢了，她哭了好几天。最后，我觉得再不能让她带小动物回来了，又不能挫伤她的爱心。就对她讲，小动物们都有自己的爸爸妈妈，它们只是暂时离开父母在外面玩，你带回家来它们就再也见不到爸爸妈妈了，那才可怜呢！我们不应该把它圈在我们家里。女儿听了以后，就不再带动物回家了，但她仍然非常喜欢小动物。

孩子喜欢小动物，其实就是一种爱心的表露，家长不要扼杀这种爱心，即使不想在家养小动物，也应委婉地规劝孩子。

俗话说，种瓜得瓜，种豆得豆。孩子爱心的培养，需要父母的爱心浇灌。世界五彩缤纷，人间丰富多彩，都需要有爱心的人去发现，去欣赏，去领悟。

那么，如何让孩子的爱心茁壮成长呢？

俗话说得好：榜样的力量是无穷的！要使孩子富有爱心，父母必须从自己做起，从家里的点滴小事做起。

如在家里，要孝敬长辈，经常给长辈倒茶、盛饭、倒洗脸水、给父母洗脚、梳头等；逢年过节时给长辈买东西、送礼物；还可以让孩子一起来商量送什么礼物给自己的长辈；经常带着孩子去拜谢对自己有过帮助的人，既让孩子学会感恩，又让孩子从中体会到父母对长辈、同事、亲人的关心和体贴。同时，对孩子也要多加关心，要有诚意。如：说话经常用温和的语气，孩子遇到困难时，让孩子把心里话说出来，并帮助他寻找解决的办法等，在夫妻关系上，经常给爱人夹夹菜、捶捶背等，出差回来时，不要忘记给爱人和孩子带份礼物。语言方面还可以说些如：亲爱的，你辛苦啦！你先歇会儿吧！别着急，我来帮你呀！不要紧，困难总会解决的！谢谢你帮我做的一切！等等。使孩子在充满爱的家庭氛围中学会爱。

爱是一生幸福的能力，是一切成功的秘密，让爱心伴随孩子健康成长！

历史考试，柯南作弊被老师发现了。要没收他的准考证，并要求他离开考场。柯南默默地坐在那儿，眼圈红红的。老师有点于心不忍了，就说："这一场不算成绩，其余的好好考就行了！"柯南眼泪开始吧嗒吧嗒掉下来。老师有点急了，"你接着考吧，别哭了！"柯南不理他，趴在桌子上大哭起来。老师急得汗都淌下来了，"别哭别哭，要不咱再抄点"……

学会自理才能自立

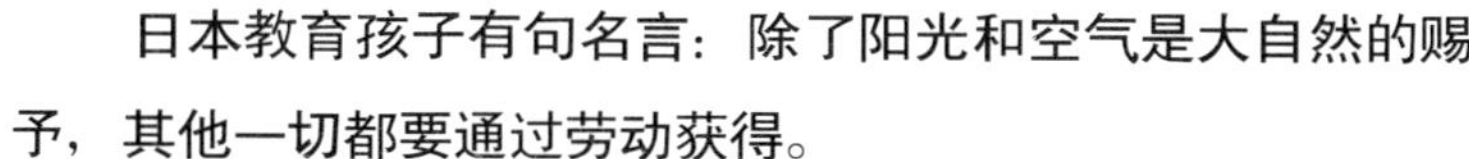

日本教育孩子有句名言：除了阳光和空气是大自然的赐予，其他一切都要通过劳动获得。

许多日本中学生在课余时间，都要去参加劳动挣钱，大学生中勤工俭学的非常普遍，就连有钱人家的子弟也不例外。他们靠在饭店端盘子、洗碗，在商店售货，在养老院照顾老人，做家庭教师等，来挣自己的学费。

孩子很小的时候，父母就给他们灌输一种思想："不给别人添麻烦"，全家人外出旅行，不论多么小的孩子，都要无一例外地背上一个小背包。别人问为什么，父母说："自己的东西应该自己来背。"

这里，我再举一个不是家教故事但富有教育意义，可能对大家有所启发的故事：

天鹅湖中的一个小岛上住着一对恩爱的老夫妇，平时与外界很少交往。一年秋天，一群天鹅来到这个岛上，它们从北方飞来，准备去南方过冬的。老夫妇见到远方的客人，非常高兴，拿出喂鸡的饲料和打来的小鱼招待天鹅，于是这群天鹅就跟这对夫妇熟悉起来，甚至在老渔夫捕鱼时能随船而行，嬉戏左右。

冬天来了，这群天鹅竟然没有南飞，湖面冰冻，老夫妇就敞开茅屋让他们进屋取暖，给他们喂食，一直延续到来年春天。日复一日，年复一年，每年冬天，这对老夫妇都这样献着他们的爱心，对这群天鹅呵护备至。最终，老夫妇老了，离开了人世，天鹅也从此消失了，不过不是飞向南方，而是饿死在了冰冻的湖面上。

如果父母将无微不至的关怀，方方面面的照顾，多种形式的包办都视为无私的爱，其结果只能使孩子失去自理能力，失掉自立意识，丧失自强精神。

现在的社会竞争，决不仅仅是知识和智能的较量，更多的则是意志和毅力的较量，没有吃苦的精神和能力，是不可能在激烈的竞争中获胜的。日本家长普遍重视从小培养孩子的自理能力和吃苦精神。因为孩子将来面临的是市场经济社会，是一个处处充满竞争的社会，竞争要求每一个社会成员必须具备这种能力和精神。

我问过许多中学生的家长："孩子在家里干家务吗？"

百分之九十以上的家长会说："哪里会让他做家务呀？他能把学习搞好我就开心的不得了啦！"

然而我在课堂上问学生："你们会做什么家务？"他们会争先恐后地抢着说出自己在家里都干这个干那个的，没有一个孩子说不会做家务。这说明，孩子们还是以能做家务为荣的。

如果用"衣来伸手、饭来张口"来形容现在中国的独生子女，一点儿都不夸张。首先是父母不让他们干家务，再加上作业多没时间做家务，慢慢地，孩子就没有这方面的意识了。

在20世纪90年代，有关方面对各国小学生每日从事家务劳动的时间做过统计：美国为1.2小时，韩国0.7小时，英国0.6小时，法国0.5小时，日本0.4小时，中国仅为0.2小时，即12分钟。1996年，中国城市独生子女人格发展调查也发现，独生子女平均每日家务劳动时间为11.32分钟，与一些发达国家相比，我国孩子家务劳动时间要少得多，甚至只是美国的零头。

在我国，按说劳动应多于其他国家，却为何出现这么一种状况呢？最根本的就是观念问题。许多家长这样要求孩子：只要你

把学习搞好了，别的什么都不用你管。这是一句非常典型的话，其含义是分数决定命运，一切为了考试，什么德育呀、体育呀都算不了什么，劳动更是不必提及的事。那么，我们来看看孩子是否需要劳动，劳动对于儿童成长有何意义？

在《哈佛女孩刘亦婷》一书中，刘亦婷的母亲讲述了刘亦婷的成长经历。从三岁开始，刘亦婷就承担一些打扫家庭卫生的任务，每次吃完东西，桌面和地面的果皮和瓜子壳都由她收拾。上街买东西的时候，问路、问价钱、请售货员过来，提要求等简单的事，都是由她出面去办。母亲有意识让刘亦婷从小多做事，并不是因为需要她分担家务，只是因为多动手、多办事，对孩子的智力发展和性格培养具有其他训练手段无法替代的作用。

美国哈佛大学的学者威特伦花了40年的时间，追踪观察了256名波士顿少年，结论是：从小爱劳动、能干事的孩子成年后，与各种人保持良好关系的比不爱劳动的孩子多2倍，收入多5倍，失业少16倍，健康状况也好得多，生活过得充实美满，因为劳动能使孩子获得各种能力，感到自己对社会有用。

相关资料统计表明：独生子女劳动时间越长，其独立性越强，越有利于形成勤劳节俭的品德。从生物学的角度看，劳动和制作都需要动手，手上大量的神经束通过大脑，促进脑神经元的发育和完善，伴随着思维和想象，促进智力发展。因此，父母应当从小培养孩子热爱劳动的良好习惯，并以此作为培养优良人格的一个切入点。

1920年的一天，有一位8岁的美国男孩在踢足球时不小心撞碎了邻居家的玻璃，邻居索赔12.50美元。闯了祸的男孩向父亲认错后，父亲让他对自己的过失负责。他为难地说：

"我没钱赔给人家。"父亲说:"我先借给你,一年后还我。"从此,这位男孩每逢周末、假日便外出辛勤打工,经过半年的努力,他终于挣足了12.50美元还给了父亲。这个男孩就是后来成为美国总统的里根。他在回忆这件事时说:"通过自己的劳动来承担过失,使我懂得了什么叫责任。"

在家务劳动中,为孩子选择一个适合的岗位,如整理书柜衣柜、打扫自己的房间、拖地、洗碗、独立做好一顿饭等等,使他具有光荣感和责任感。父母应当经常鼓励孩子,并给予具体帮助,使他感受到劳动的价值、乐趣与丰富多彩。

从孩子的成长需要看,每个人都是这个世界的一个成员,衣食住行样样需要劳动,谁也没办法超脱。与其说等到长大了,面对许多事情束手无策的时候再培养他的劳动习惯,倒不如从小开始,微风细雨,循循诱导。应让孩子参加一些家务劳动,承担一些责任,以确立他们在家庭中的位置,并提高处理问题的能力。从教育的角度看,独生子女的劳动与健康人格的培养密切相关。

聪明的父母应学会5种方法:给孩子一个空间,让他自己往前走;给孩子一个时间,让他自己去安排;给孩子一个问题,让他自己找答案;给孩子一个困难,让他自己去解决;给孩子一个权利,让他自己去选择。

温馨提示

良好行为习惯的养成,要抓住关键时期,从点滴的小事做起,需要用耐心不断地训练,更需要家长和老师的相互配合。重视孩子的行为习惯,有利于促进他们养成良好的心理品质和道德素养,有利于他们更好地适应社会。

第八章　七年级学生学习习惯的培养

好习惯养成了，一辈子受用；坏习惯养成了，一辈子吃它的亏，想改也不容易。

——叶圣陶

七年级学生学习状况分析

期中考试后，七年级许多家长发现孩子的成绩没有小学优秀了，很着急：我们孩子小学里都是班级里前几名，每科成绩都是九十多分，怎么上初中后老师给教成七八十分啦？这中学老师怎么还不如小学老师呀？

有这样的变化，是因为小学和初中学习的不同，还因为家长、学生和学校没有合作好，没有把握好学生入学头几个月的重要过渡。下面我们了解一下初中和小学学习的不同。

初中与小学学习差异对比：

小学	初中
内容简单	内容加深　增多
课程简化	课程门类增加
直观、感性、零碎的知识和方法	完整、系统的知识体系并突出能力的培养

教学趣味性	教学的系统性和抽象性
教学节奏慢	教学节奏快
教学要求识记、感性、表象	教学要求理解、理性、深层
包教包会	教给学生方法，要求学生自己掌握
学习依赖性	学习自主性
学习凭兴趣	学习凭目标
学习任务轻	学习任务重

和小学相比，孩子进入初中后在学习方面会遇到以下一些困难。

● 学习知识量上的困难

与小学相比，初中增加了许多学科，如英语、政治、历史、地理、生物等，学习负担明显加重，许多学生顾此失彼，觉得难以应付。

● 学习方法上的困难

在小学主要学习语文和数学，老师从上课到辅导甚至做作业都跟得较紧，讲的很细、很明白。进入初中后，学科增多，知识量增大，老师盯得又没有小学那么紧，所以许多同学课堂学习的知识慢慢出现不够系统，作业完成不够好，甚至出现不愿意做作业的现象，时间长了，成绩就会受到影响。

● 知识特点上的困难

初中的知识较小学要抽象一些，如生物、地理，若光靠死记硬背不足以解决问题了，要去理解，学生感到不适应，学起来有困难。

● 受到考试的影响

初中的学习时间抓得比较紧，考试的频率较大，竞争很激烈，有时学生感到心理有压力。

家长应及时了解孩子进入初中后易出现的这些新情况，经常与老师沟通，了解孩子进入中学的适应情况，及早采取相应措施，帮助孩子在中学起好步。

学生学习困难的原因：

20%左右的学生注意力不集中；60%左右的怕吃苦，缺乏克服困难的精神，没有恒心和毅力；6%～10%的因为受到家长、学生和教师的责备、嘲笑、歧视而引起心理紧张；8%~9%的基础比较差；只有2%左右的是由于智力因素。较大的心理压力，会使学生整天处于高度紧张状态之中，记忆力减退，注意力涣散，神经衰弱，出现一些异常的学习行为与习惯，从而导致厌学情绪。有30%左右的学生有厌学情绪。

可见，学生学习困难的主要原因在于他们的学习品质方面，因而培养学生良好的个性品质和学习习惯非常重要。

小学毕业生全部升入初中后，学生的素质参差不齐，如果强求所有学生同步前进，一开始便达到预期要求，这显然是不现实的。所以，必须掌握孩子的实际情况，因材施教。孩子学习有困难时，不能讽刺、挖苦，不能失去希望。一定要想方设法提高孩子的学习兴趣，培养良好的学习习惯。

终生受益的阅读习惯

“开卷有益，读书好处多”，这是自古以来人们的共识。

书是前人劳动与智慧的结晶，它是我们获取知识的源泉，我们要提高学识，必须多读书，读好书。因此，从小培养学生的阅读习惯和能力就变得非常重要。大家都知道，阅读是学习语文的重头戏。但我们也常常发现，一些爱读书的学生知识面广，理解能力强，其思维也活跃。所以，喜欢阅读不仅对孩子学习语文有帮助，还会使他轻松应对各门功课。

俄国著名作家列夫·托尔斯泰，因为母亲过早离开了人世，所以他的早年教育，主要是来自父亲的影响。

托尔斯泰的父亲是个非常喜爱读书的人，家里二楼的书房里，经常摆满了法国古典文学、俄国文学、历史以及科技等方面的书籍。这些书籍对托尔斯泰的成长起到了十分积极的作用。

有些有钱人家不喜欢读书，但为了炫耀自己的教养，往往买些书来摆在书橱内作为装饰品，可是父亲却坚持教导托尔斯泰，在上次所买的书未读完以前，绝不再买新书，这种信守虽然有点靠不住，但是托尔斯泰还是在父亲的教导下努力去遵循。

父亲最喜欢传记及诗，而托尔斯泰也常要求父亲讲故事或念诗给他听，于是父亲便朗诵普希金的诗，有时让他们也跟着朗读。

虽然父亲在托尔斯泰九岁时也不幸去世了，但他对托尔斯泰的影响却是深远的，他已经养成了良好的阅读习惯，而正是这一习惯最终使他成为俄国最优秀的作家之一。

要培养孩子的阅读习惯，关键是要给孩子营造出一种健康、干净、温暖和快乐的阅读环境和阅读氛围。专家指出，阅读的兴趣要从小培养，其中环境的熏陶最为重要。要想孩子爱上阅读，父母首先要对阅读也产生兴趣。最理想的环境是：充满书香的家。

有的家长会说，为了让孩子读书，我买了好多的书，家里到处是书，可他还是不爱读书。那么我想问：您读过这些书吗？

我女儿从小喜欢读书的好习惯与我经常读书有直接关系，还不识字的时候是我读给她听，那些有趣的故事使她对书产生了兴趣，后来自己能阅读了，我就和她一起读，晚上

我们一般都不看电视不上网，她在书房做作业时我在客厅看书，她作业做完还不到休息时间时，我们就一起再读一小时左右的书，这已经是我们多年养成的习惯。现在，女儿就是个小书迷，阅读成了她最大的乐趣，我知道，这个好习惯她已经养成了，不仅不需要我再督促，反而经常为了她的视力要加以限制。

事实证明：她的写作水平确实非常棒！

过去想读书而没书读，现在有书读却不去读，我觉得，大多数人不读书的一个重要原因是因为有电视和电脑。如果你真想让自己的孩子看书，最好还是别看电视和上网了。大人不看，孩子就没希望看，闲时间不看书你能干什么呢？虽然对大多数人而言，这真的很难。其实，大多看电视和上网的时间，都是一种浪费，偶尔奢侈浪费一次没关系，天天浪费就有点可惜了。

要让孩子喜欢上阅读，在选择书时一定要以孩子的兴趣为前提。有些家长总是强迫孩子读一些家长自己认为“有用”的书，如作文选、世界名著之类的，这实际上是一开始就扼杀了孩子的读书兴趣。其实，只要是健康书籍都是有用的，我觉得中学生最感兴趣的首先是校园小说，可读性强，通俗易懂，贴近学生现状，如杨红樱的《淘气包马小跳》这类书，还有像女生喜欢的《小小姐》《意林》等；男孩则喜欢一些神秘而充满玄幻的书籍，如《冒险小虎队》《爵迹》《哈利波特》等等，家长不妨买来试试，由这些书入手，先让他们喜欢上阅读，有了习惯以后，读书就不用我们强调了。

《苏菲的世界》的作者、著名童书作家桥斯坦贾德曾说：“最明智的父母，一旦给孩子吃饱穿暖之后，接下来最重要的事情，就应该去为孩子们选择出最好的书，带回家来，放进他们的卧室里。”

好的习惯的养成，不是一朝一夕的事，培养孩子读书习惯的养成是天长日久、潜移默化、耐心引导的结果，贵在持之以恒。听故事是每个孩子的天性，讲故事是每个家长的天职。而总有那么一天，孩子会捧起以前由家长捧着的书自己看，也不用大人在一边陪伴了。

不监视是为了“自管”

从小学进入中学后，教学方式从“保姆式”变为“教官式”。小学教师是保姆式教学，一字一句地教，耐心细致地等，一个都不能少，一步一回头，两步两回头，反复教，反复练。初中教师讲得快，侧重点强，一例一练，目标明确，重复较少，要求学生自己掌握，教学节奏快。上课不注意听讲，不注重预习复习的学生很难跟得上。

要让孩子学会自主独立地学习，除了老师的训练和培养之外，家长也要有这方面的意识。小学时，好多家长都要反复督促孩子做作业，然后在孩子学习时在旁边陪读，看着孩子写完作业，检查签名，天天如此。到了中学，这种习惯一时不会改变，一方面不信任孩子，另一方面自己不放心。这样做不仅累坏了家长，也会使孩子养成不自觉的毛病，你在我就学习，你不在我就偷着玩，学习上跟家长捉迷藏。

孩子放学刚回到家，妈妈就大声喊：快去做作业！孩子抓起一个苹果边吃边很不情愿开始写作业了，直到吃饭时间才能停。其实孩子并没写多少作业，在学校写了一天了，刚回家哪有心思写作业呀。吃完饭后，又在妈妈的反复催促和监视下开始了作业大战。夜深了，妈妈和孩子还在书房闹腾，作业没做完战争就不会结束。妈妈要孩子快点做，做快点，可是孩子面对太多的作业，面对家长的威逼，心情焦躁，不能一气做

完。有的孩子，甚至妈妈越催越磨叽。妈妈看到孩子注意力不集中，有时还玩，气就不打一处来。为了让孩子能按时完成作业，什么招数都用了：开始是物质刺激、许诺、哄骗，情急之下，有时威胁，有时骂，有时打。本来作业是孩子完成的事情，现在倒成了家长的差使。家长也无奈，作业太多，如果不看着孩子做，怕孩子完不成作业。大人急，孩子皮。孩子每做完一次家庭作业，家长就像完成一次战斗一样，苦不堪言。可怜的孩子！！可怜的妈妈！！

从小学开始，如果家长就注意培养孩子独立学习的习惯，那么就不必这么苦了，家长轻松，孩子也轻松。小学时期，如果孩子不自觉学习，家长已跟读成习惯，那么上初中之后，我劝您还是不要再跟读了，孩子在书房学习，家长去干自己的事，尽量少点干涉，要相信孩子自己会做完作业，会专心学习。放开监督，他们就会自我约束、自我管理。刚开始，孩子可能会在做作业时看到没人监督而做一些小动作，这个时候，家长可以装作无意识的观察他们，但请不要责骂，一定要忍住，再观察几天（这期间时不时的要表扬孩子长大了，进步了）。当孩子发现家长不再监视他了，自己也就有责任感了，毕竟明天要交作业，慢慢地就养成自主学习的习惯了，学习效率也提高了。这个时候别忘了鼓励和表扬孩子。

在学习方法上，中学要求学生对所学的知识在能够理解基础上记忆，记忆基础上灵活运用。初中阶段，老师们不再像对小学生那样，手把手地指导学生，学生感到中学老师不如小学老师讲授得那么仔细，学起来吃力，有时不能完全消化吸收，只能囫囵吞枣地咽下去。随着学科的增多，内容的加深，要求的提高，这就特别需要七年级新生从小学的依靠老师逐步向独立方向发展，培养自主学习的能力。

一个孩子如果长大了还是只会听父母的，任何事都等着别人帮他作决定，那他进入社会就算不被欺负，也不会有什么作为的。进入了社会后，孩子必须自己决定自己的就业方向，自己的道路，自己的人生，自己该如何去创业……可以说，长大后每一天面临的都是选择。孩子需要独立性、责任性，选择能力、判断力。如果家长不能时时刻刻陪着孩子替他作决定，那么就早点培养孩子的独立性。

学生日记

我的心里，有许多的烦恼，有大的，也有小的，他们整天闷在我的心里，干扰着我的学习和生活。其中，最让我烦恼的事情，是爸爸妈妈总是说我什么也做不好。

从我懂事开始，爸爸妈妈就拿我和别人比来比去，为此，我十分苦恼。

爸爸常拿我和他小时候比，他越比我就越不如他，越比越觉得我没出息。他总是说："我小时候，放了学就帮家里干活，放羊、打猪草、挑水，什么活都干，可从来没因为干活而影响了成绩，每次考试都是前三名。看看你，什么活都不干，什么心都不用操，却不能好好学习，成绩一塌糊涂，我怎么会有你这样不争气的儿子。"

妈妈的比较似乎比爸爸更高一筹，她总拿我和她朋友的孩子比，结果是：没人家孩子懂事，学习不如人家，作业做得没他工整等等，总之是没一样比人家好的。妈妈整天唠叨个没完，可她却不知道，她的每一句话都像一把尖刀，刺破了我的自尊和自信。

在爸妈的比较下，我变得越来越不求上进，其实就算是我有一点进步，他们也看不到，索性就让他们说去吧。在逆反心理的作用下，他们越说我越是不争气，除了玩就是玩，

上课也不爱听讲了，作业也不按时交了，成绩越来越差。虽然我内心也不愿意这样，可我觉得这都是让爸妈给逼的，因为他们使我几乎看不到自己的希望。

像这样的父母其实很多，他们总希望自己的孩子完美无缺，总希望自己的孩子比别人都强。所以喜欢拿孩子来和别人比，而且是拿自己孩子的缺点和别的孩子的优点比，本来家长是想以此刺激孩子努力，结果事与愿违，把孩子的自信心比没了。

有位哲人说得好："谁拥有自信，谁就成功了一半。"

自信是孩子成长过程中的精神核心，是促使孩子充满信心去面对困难，努力完成自己愿望的动力，是孩子成才与成功的前提条件。很难想象，一个缺乏自信的人能够真正做成什么事情。一个缺乏自信、充满自卑的孩子，即使脑子很聪明，反应灵敏，但在学习中稍遇困难和挫折就会发生问题。而自信的孩子则不怕困难，积极尝试，奋力进取，取得更多的知识和经验，争取更好的成绩。

事实证明：鼓励、赞扬对增强孩子的自信心是很有益的。

培养孩子的自信心，可以从以下几个方面入手：

● **肯定孩子，正面评价孩子**

作为家长，要肯定孩子的进步，经常对他说"你真棒！""你能行！""你一定能做好！"，这样，孩子就会看到自己的长处，信心大增，认为自己真的很棒。反之，经常受到成人的否定、轻视、怀疑，经常听到"你真笨""你不行""你不会"的评价，孩子也会否定自己，对自己的能力产生怀疑，从而产生自卑感。因此，家长必须注意自己对孩子的评价，要以正面肯定为主，要善于发现孩子身上的闪光点，不盲目地拿自己的孩子同别的孩子比较，而是多拿孩子的过去与现在比较，让孩子知道自己长大了，进步了，从而产生相应的自信心理。特别是要给发展慢的孩子以更多的关怀和鼓励，使这些孩子逐渐树立对自己的正确评价。

● 信任孩子，在实践中培养孩子自信心

在日常生活中，家长应该创设良好的机会和条件让孩子去尝试和发现，信任孩子的各种能力，给一些让孩子一定能完成的任务，相信他们一定能做好，比如整理书房、洗衣服、刷碗等，做到了就表扬。有时也帮他做一些比较困难的事，会做了更要大加表扬，树立孩子的自信心。学习方面也要先从简单的问题入手，只要孩子做对就鼓励他。每次考完试不要打击孩子，哪怕有一点点进步，也一定要表扬他，鼓励他对自己有信心，要明白自信心和独立性的培养要从一点一滴做起。

● 赞美孩子，在鼓励中激发孩子的自信心

不管是大人还是小孩，都喜欢听到赞誉之词。每一个孩子都需要大人的表扬，就好像植物需要阳光雨露一样。但我们往往轻视对孩子的鼓励，往往忘记赞美自己的孩子。许多人错误地认为孩子需要的就是教育，不断地教育，而教育更多的就是灌输和训导。当孩子试着做一件事而没有成功时，我们应避免用语言、用行动向他证明他的失败。如果我们采取指责的态度，孩子的自信心就会受到伤害，孩子可能永远做不成这件事情。对成人而言，我们自己首先不能泄气或失去信心。

任育才中学校长的陶行知先生在校园看到男生王友用泥块砸自己班上的同学，当即斥止了他，并令他放学时到校长室里去。放学后，陶行知来到校长室，王友已经等在门口准备挨训了。可一见面，陶行知却掏出一块糖果送给他，并说：“这是奖给你的，因为你按时来到这里，而我却迟到了。”王友惊疑地接过糖果。随之，陶行知又掏出一块糖果放到他手里，说：“这块糖也是奖给你的，因为当我不让你再打人时，你立即就住手了，这说明你很尊重我，我应该奖你。”王友更惊疑了，他眼睛睁得大大的。陶行知

又掏出第三块糖果塞到王友手里，说："我调查过了，你用泥块砸那些男生，是因为他们不守游戏规则，欺负女生，你砸他们，说明你正直善良，有跟坏人作斗争的勇气，应该奖励你啊！"王友感动了，他流着眼泪后悔地说道："陶校长，你打我两下吧！我错了，我砸的不是坏人，而是自己的同学呀！"陶行知满意地笑了，他随即掏出第四块糖果递过去，说："为你正确地认识错误，我再奖给你一块糖果，可惜我只有这一块糖了，我的糖完了，我看我们的谈话也该完了！"说完，就走出了校长室。

陶先生的四块糖，既化解了孩子与校长之间的"鸿沟"，又达到了批评教育的目的，其精妙之处让我们后辈深感佩服。我想：新时代的今天，我们各位老师和家长，也要像陶先生那样用好"四颗糖"，善用"四颗糖"，真正使自己成为孩子们成长路上的支持者、参与者和合作者。

"四颗糖"的故事告诉我们，每个孩子都有可爱的一面，家长和老师要有一双善于"发现"的眼睛，挖掘学生身上的闪光点，通过言语的激励，使其个性特长得到充分发展。有时家长和老师一个赞许的目光，一句欣赏的话语，对学生来说都是促进的强大动力。每个学生都想把好的一面展示给家长和老师，而家长和老师的"赏识"正是每个渴望进步的学生重新找回自信、迈向成功的起点。

● 发现孩子，多角度培养孩子的特长

每个孩子天赋是各异的，能力方面也各有千秋。通常的孩子在智力和能力上难辨优劣，但孩子从上学开始，衡量标准就集中在学习分数上了，这就使擅长学习的孩子常受表扬，而学习稍差的孩子常受批评，由于学习成绩不如意而产生自卑，丧失了自信，不利于形成健康的人格，造成孩子以后什么事都做不好。

孩子从小其能力倾向便会显露，有的孩子能跑能跳，好于运动；有的孩子爱唱爱跳，擅长文艺；有的孩子舞文弄墨，酷爱绘画。家长的责任就是及时发现孩子的特长，顺势加以引导和培养，促进他们在某方面具备其他孩子所不及的特长。这样，即便孩子将来在学习上不佳，也不致因此而灰心丧气，反倒会在自己擅长的领域奋发努力，还能干出一定的成就来。培养孩子的专长，孩子就有了一种竞争优势，具有了上进的动力，也会因此变得越来越自信。

在教育孩子时，如果少一些偏见，多一些平常；少一些歧视，多一些尊重；少一些冷眼，多一些赞许，让孩子享受到温暖的阳光，那么，无论哪种层次的孩子都会获得心理上的满足，从而产生一种积极向上的原动力。这样，潜能将被激发，奇迹将会出现。民主、和谐的家庭气氛像人类赖以生存的阳光、空气那样，无时无刻不在影响着孩子的身心健康和智力发展。

上语文课时，老师让同学用新学的成语“愁眉苦脸”和“笑逐颜开”造一个句子。豆豆抢答道：“每个月发工资时，爸爸总是愁眉苦脸地把钱交给妈妈，妈妈笑逐颜开地数钱。”

变“逼迫学习”为“快乐学习”

正因为初中与小学的众多差别，我们常遇到这样一种情况：七年级新生带着新奇和愉悦迈进了中学大门，快乐得像一只只小鸟，但不久之后，不少新生便出现各种消极的心理症状，如讨厌上学，对成绩失望，作业马马虎虎，对学习产生焦虑情绪，反感家长和老师的批评督促等等。这是为什么呢？

据了解，孩子厌学，或不喜欢做作业的现象，非常普遍。孩子的作业一般都要家长催促和老师加压，能够自己开心做作业的

很少。家长和老师抱怨孩子不用功。细分析起来，一点点都不怪孩子。孩子的厌学情绪和我们的教育体制、教育观念、教育方式方法有关。换位思考一下，如果是你每天在这样压抑的环境中，你会爱学习吗？

可这又能怪谁呢？孩子考上好大学是每个家长的期望，学生升入重点学校是每个老师的心愿，不催促、不加压行吗？

仔细回想一下，孩子开始上学的时候，都喜欢做作业的，我女儿还上幼儿园时就成天拿个小本子写呀画呀，乐此不疲。我相信好多妈妈都有同感。那后来为什么多数孩子都怕写作业呢？这里边有一个深刻的科学道理，一般不被家长和老师所知。那就是，每当我们的孩子做作业时，速度慢了我们就逼孩子，做错了我们就骂孩子、打孩子，孩子每次做作业都会生气、哭泣，痛苦不堪。天天要写作业，天天要挨骂受气，于是在孩子的大脑里就形成了一个神经链的连接，即学习就是一种痛苦。这是我们家长长期“训练”的结果。在这样的气氛中，孩子厌学是必然的。许多厌学的孩子都是这样炼成的。

如何高效、快乐地做作业呢？接下来，我详细介绍一下。为什么要详细呢？因为作业的问题是大多数家长最烦恼的一件事，也伤了大多数孩子的心，更是孩子厌学的重要因素之一。这个问题不解决，一个家庭就无快乐而言。

● 放学回来先来个亲子互动

许多家长太急于求成，孩子一进家门就大喊一声：“写作业去！”全然不顾孩子的感受，在学校学习了一天，这个时候写作业我想是没有什么效果的，还不如让孩子轻松一会儿，一方面休息一下大脑，另一方面大人和孩子交谈一下，问问学校里有没有什么有趣的事，然后一起在厨房边做饭边聊天，再开开心心地吃顿晚餐，这是一天当中最长的一个很好的亲子互动时间，千万不要错过。期间尽量聊一些轻松愉快的话题，刺激孩子大脑和神经都兴奋起来，不要老是一张口就是学习，别的什么都不感兴趣，搞得两败俱伤。

● 晚饭后娱乐半小时再做作业

事先和孩子约定好，这段时间可以让他做自己最喜欢的事情，但时间到了必须马上去学习，这就等于给他一个安慰，一个奖赏。孩子作业能和快乐连接起来，他就愿意学习，喜欢学习，把学习当成自己的事情，不受制于大人，也容易形成习惯。

这里要强调的一点，这个时候孩子不能看电视，不能打游戏机，可以玩简单的玩具，可以看故事书、漫画书，可以听音乐、唱歌，也可以什么都不干，放松自己，让孩子自由自在，哪怕是在地板上打滚。约定好的时间一到，他就会自觉自愿地去写作业了，而且效率会很高。

● 不制造暴力作业

现在没有暴力体罚了，但有了新的惩罚内容，即暴力作业。我们承认，个别老师喜欢用这一招，可能是他小时候受过此类惩罚吧。明明孩子已学会的东西，让他一遍又一遍地抄写定理、例题、课文之类的，而且超过了一定的限度。有时我们家长看到孩子做暴力作业很可怜，晚上十一二点了还不能休息，但又不能不让他做，害怕一次不做会养成坏习惯，当然更害怕老师批评孩子。但多数家长不知道，做暴力作业，会把孩子做作业的感觉破坏了，最后孩子就不喜欢作业了，也就不喜欢学习了，就像好东西不要一次让他吃太多一样。

在这里我也奉劝老师，不要给孩子布置暴力作业，这是最残忍、最弱智的做法。

家长一定要注意，自己绝不给孩子制造暴力作业，同时不要强迫孩子做来自学校的这种作业。积极寻求和老师、学校的正面沟通，提出作业量已影响到孩子的身心健康。也可以自己想一些办法保护孩子，如盯着孩子背会了就不要让他再写了，然后给老师签一个便条说明一下，但一定要对孩子讲明你这样做的道理。孩子会很感激你，好好学习来报答你。

● 做作业中间要适当休息

如果作业比较多，做作业中间一定要让孩子休息一小会儿，让孩子走出书房舒活舒活筋骨，喝点水吃点小吃，孩子喜欢音乐，可以播放一些音乐。孩子听听音乐再去做作业，能有效缓解疲劳，放松心情，还能提高孩子的注意力，也会提高作业效率。

● 优化学习环境（书房）

孩子喜欢作业，就能喜欢学习。因此，孩子作业的其他因素一定要解决好。孩子作业要在书房进行，如果有条件，家长可以单独给孩子一个房间作为书房。如果孩子的书房和睡房合在一起，就把书房和睡房用木版隔起来，形成独立一间。

书房也可以按照孩子的意愿装饰一下，可以贴一些孩子喜欢的明星照片，置一台漂亮的卡通台灯，放一套能播放音乐的音响系统，但不要放任何玩具。告诉孩子，书房只有做作业的时候，才可以用。作业完毕要立即离开书房。如果孩子想玩，就让他客厅去玩一会儿，不要在书房玩。如果在书房玩得开心，形成习惯，一进书房大脑神经系统就进入玩的状态，从而抑制大脑的学习神经系统。如果只有在学习的时候进书房，那么养成的习惯就是一进书房就立即会进入学习状态。

● 形成学习规律

孩子放学回家，一直到睡觉，活动地点、内容和时间要固定。在孩子适应了一套作息时间后，就雷打不动。这一点对于孩子的现在和未来十分重要。那些高考状元都有极强的生活和学习规律。

温馨提示

教育方法从来就没有一成不变的，视孩子的具体情况，因人而宜才行。而且孩子每一项学习活动，都要和快乐连接。这一原则，要贯彻始终。

第九章　学习方法借鉴与分享

——七年级各学科

到什么山唱什么歌，在什么季节吃什么果，是什么年龄说什么话。阅读也一样，错过了“时令”，日后再补，感觉很不一样——理解或许深刻些，可少了当初的沉醉与痴迷，还是很可惜。

——陈平原（北京大学语言文学系主任）

语　文

七年级学生处于由童年期向青年期过渡的初期，他们经过小学阶段的教育，语言、文字、词汇、句子、阅读理解、写作等基础知识与基本训练均已涉及，这为他们完成初中阶段的学习任务提供了必要的知识基础。进入中学以后，学好语文主要做到以下几个方面。

● 抓好朗读，培养语感

培养语感的重要手段之一就是朗读。大声朗读，会使学生全神贯注地沉浸在文章的语境中，从而一心一意地领会文章的精华。每天坚持朗诵，语感就会不断提升，阅读和理解能力也会不断提高，学习语文的兴趣也会越来越浓厚，形成一种良性循环。

● 重视背诵的重要性

背诵是传统的学习语文的方法，它可以帮助学生加深对课文的理解和感受。发展记忆和思维，提高阅读能力，培养语感，为说话和写作积累语言材料。

● 多读多看，勤于观察，写好日记

扩大孩子的阅读量，培养学生的观察能务，从生活中取材，不断丰富自己的作文内容，写日记是有效良药。对写日记，要求“有话则长，无话则短”，心之所想则笔之所及，感情自然流露。

数 学

从小学到中学，数学的学习，是从具体到抽象的一个转变，即内容拓宽、知识深化，从形象思维到抽象思维的转变，特别是七年级学生，适应不了这种转变，影响学习成绩。这也往往是八年级学生明显出现“两极分化”的原因。因此，重视对七年级学生数学学习方法的指导是非常必要的。

● 培养预习习惯

七年级学生往往不善于预习，也不知道预习起什么作用，因此，预习前教师先布置预习提纲，要有目的地去看书。学习数学方法是，一粗读，先粗略浏览教材的有关内容，掌握本节知识的概貌。二细读，对重要概念、公式、法则、定理反复阅读、体会、思考，注意知识的形成过程，对难以理解的概念作出记号，以便带着疑问去听课。

● 养成良好的听课习惯

一听，听每节课的学习要求；听知识引入及知识形成过程；听懂重点、难点剖析，对每堂课的知识体系有清晰的认识过程；听例题解法的思路和数学思想方法的体现；尤其要掌握数学思想，听清课后小结。

二思，多思、勤思，随听随思；深思，即追根溯源地思考，善于大胆提出问题；善思，由听和观察去联想、猜想、归纳；可以说“听”是“思”的关键，“思”是“听”的深化，是学习方法的核心和本质的内容，会思维才会学习。

三记，记是指学生课堂笔记。七年级学生一般不会合理记笔记，尤其数学根本不做笔记，时间长了脑子一片空白，因此，数学课也需要做笔记，即记要点，记知识体系，记疑问，记解题思路和方法，记小结。

● 课后复习巩固及完成作业

七年级学生课后往往容易急于完成书面作业，忽视必要的巩固、记忆、复习。以致出现照例题模仿、套公式解题的现象，造成为交作业而做作业。起不到作业的练习巩固、深化理解知识的应有作用。要在看书，看笔记，慢慢琢磨后独立完成作业，解题后再反思。

● 小结或总结

七年级开始就应培养学生学会自己总结的学习方法，即一看：看书、看笔记、看习题，通过看，回忆、熟悉所学内容。二列：列出相关的知识点，标出重点、难点，列出各知识点之间的关系，这相当于写出总结要点。三做：在此基础上有目的、有重点、有选择地完成各种不同层次、不同类型的习题，通过解题再发现问题，解决问题。四归纳：归纳出体现所学知识的各种题型及解题方法。应该说学会总结是数学学习的最高层次。

英 语

学英语没有捷径可走，真正掌握英语，就要勤学苦练，可以从胆大、皮厚、破嘴、烂笔头做起。“胆大”是指在学习英语的过程中胆子要大. 不怕出错。“皮厚”是指脸皮要厚，说英语说错了也不怕别人笑话。“破嘴”是指在说英语或读英语的时候，一定要张开嘴巴大声地、清楚地、快速地说，看见单词或短语应该

读准确、读正确。“烂笔头”是指在学习英语的过程中应该把老师口述的例子和知识点选择重点地记录下来，没有哪个天才能够听课时过耳不忘。要勤于整理和归纳有规律性的东西并及时记下来。

学贵有恒，学习英语是长期积累的过程，这个过程一定要有恒心。

要日积月累，付出长期的努力，坚持和积累是学好英语的法宝。要不怕困难，咬牙坚持学习。

掌握正确学习英语的方法至关重要。

● 语音是学习英语的第一关。

要学好音素。过好语音这一关首先要学好单个的音素，做到发音准确，学会音标拼读的规则，会根据音标读出单词。在第一次学习和接触新单词时，要认真仔细跟读录音带的标准发音，大胆张嘴，反复模仿，对比纠正，不怕出错。可以借鉴李阳的疯狂英语一口气读法，把单词的发音读准后，一口气练习10遍，因为不能喘气，所以要快读，能多快就多快，在读准了单词的音之后，再加上单词拼读，利用四言格律诗的格式，例如book，book，b-o_o-k，book。再次用一口气读法读五遍，这时只要有意识记，单词就很容易记住了。

● 关注英语、汉语的共性和区别

虽然英语和汉语是两种不同的语言系统，但是在一些语法和辅音的发音上却有许多相通之处。如英语语法中的形容词修饰名词，副词修饰动词、形容词和副词，主动语态和被动语态在意义的理解上和汉语相同。英语语音中的一些辅音，例如t / b / p / t / d / k / g / 等英汉发音也可以互相借鉴。但是英汉区别还是很多的。英语句子结构和语法同汉语也存在着一些差异。要积累和接受这些不同才能高效率学好英语。英语有形态变化，比如动词时态变化、名词单复数变化，不可数名词等，而汉语基本上没有。英语中的辅音连缀、短元音、破擦音、摩擦音等在汉语中也没

有。中学生已形成相当牢固的汉语习惯，会干扰学习英语的语感和学习。从一开始学习英语就要通过大量的阅读和说的训练，英语语感会越来越顺溜，会逐步减少犯“汉语式英语”的错误，养成用英语积极思维的好习惯。

● 掌握英语记忆的规律

记忆单词是许多同学学习英语的拦路虎。记忆单词要变被动记忆为主动记忆，要有意识的记忆，视而不见、听而不记是学习的大敌。记忆单词要五到：即眼到、口到、耳到、心到、手到，充分发挥各种器官，协调使用，提高记忆效率。

同学们可以试用读读-想想-看看-拼拼-听听-写写的方法记忆单词。

读读：121诵，即lookl-o-o-kl-o-o-klook机械记忆，强化读音。

想想：心记，用尝试回忆，将读过的单词在脑海过电影。

看看：再认，尝试回忆后对记不住的单词再认，加深记忆效果。

拼拼：口拼，把每个单词的字母挤出来。

听听：听读，借助录音机等电化手段，锻炼听力，矫正读音。

写写：手写，根据音标和汉意默写出所学单词，然后自己对照检查，及时纠正错误。

● 尝试几种快速记忆的方法

限时记忆。以3~5分钟为宜，限时记住10个左右的单词。相信自己，试一试，你能行。

限量记忆。把要记忆的单词分成小组，比如起先3~5个，记住后逐渐增加每组的单词量。

限遍记忆。要从第一遍读的时候就把单词的音、形、字、义、性印在脑海里，限读几遍记住单词。

英汉对译。要经常有意识地盖住英语看着汉语拼读单词，不一定非写在纸上。可以用手指画，盖住汉语看着英语想汉语意

思，快速有效反复记忆，持之以恒则事半功倍。

联想记忆。经常要将单词的读音和拼写之间的关系联系起来，即掌握拼读规则，按前缀、后缀、同词根或词干的复合关系，按反义、同义和同音关系，以及按单词在句子或语言环境中的关系来记单词就很容易记住，也有兴趣。还要掌握单词的构词法规律，从派生词、兼类词、合成词等方面记忆获得和扩大词汇量。

● 尝试英汉对译背诵法

七年级的英语文章都不是很长，并且都比较简练，相当于小学一二年级的汉语白话文，只要先把汉语意思翻译透了，稍加注意背下来，然后反复读上三五遍英语就一定能背下来了。对于确实较长的文章，可以采取化整为零的方法。分成小段来背诵。这时要尽量大声朗读，用耳朵听见自己的声音是帮助记忆的好办法。尽可能多的利用眼、耳、鼻、舌、手五官，不会发困，有利于记忆，而且能够集中精力。不会受到其他因素的干扰。英汉对译背诵法不仅让你学习英语很轻松，它还能非常有效地增强语感。

● 科学复习、克服遗忘

遗忘是一种正常的现象。心理学家研究记忆的过程是这样的：

及时复习：当天学的内容必须在4小时和8小时内复习一遍。

分布复习：分别在第1、2、4、7、14、28天复习一遍。

试图记忆：晚上睡觉前，早上醒来后积极试图回忆效果好。

多样化复习：把单词运用到对话，短文，歌曲，游戏，卡片中，提高记忆兴趣。

总之，海纳百川，有容乃大。要学好英语不是看看别人的几点建议就可以的，还要注意借鉴吸取前人学习英语成功的经验，比如李阳老师。再加上自己锲而不舍的精神和坚持不懈的顽强意志，相信你一定能有所得。

政 治

理清思路，把繁杂、冗长的知识一层一层地进行梳理，犹如剥洋葱一样，将所学的知识梳理出层次，然后从整体上把握这些知识层次。学习建立在整体把握课本的基础上，领会其精神实质。可先对一节或一段内容进行归纳，用一两句话，一两个字概括。随着学习归纳能力的提高，逐步发展为对一课，一章的概括。

联系实际生活中的事例理解课文，反复阅读课文，理解其意，表达起来就会得心应手。

另外，学好各门功课都必须牢牢抓住课堂时间，思想品德课也不例外，要最大限度地提高听课效率。

地 理

地理学习的灵魂——地图的利用。学会分类地图，包括日照图、统计图表、地形剖面图、地质图、地理景观图、地理原理示意图、地理漫画图、地理数据图、地理结构图、地理等值线图等。

学会读图：先读图的主题，看清图例，注意细节，联系实际。

学会变图：图图转换（剖面图转换为平面图），图文转换。

学会用图：用图归纳总结地理规律或特点，用图记忆。

中国地理：可看这几方面的地图，即：中国政区图、中国地形图、中国气候图（气温、降水量）、中国水系图、中国资源图（森林、矿产、水能、旅游资源等）、中国农作物分布图、中国工业分布图、中国人口、民族、城市、商业中心图、中国交通图、中国自然保护区图等。逐一看图、记图，甚至画图，中国地理的基本知识就掌握了。

世界地理：要在十条线上下工夫（五条经线、五条纬线）。找出十条线穿过地区的自然景观与人文景观。

在经纬度跨度不超过十度范围内描一幅轮廓图，说出其中的位置、自然地理特征和人文地理特征，并问一个为什么？这样你会发现你开始“脑”中有“图”，“心”中有“理”了，地理不再是单调的文字。

历 史

● 反复阅读

历史并不是靠死记硬背就能解决问题的。历史更需要的还是理解。复习时关键是要反复地看书，在反复中提高。书才是最根本的，离开书本谈能力是不现实的。

● 联想比较

在读每一节的内容时，要想想在一个历史事件之前之后都发生了些什么事，它们之间有没有什么内在的联系，也可进行历史事件间的横向纵向的比较。

● 思考探究

书本绝不仅仅是读过即可的，光记住一些时间、地点、事件是没有用的，最重要的是要学会用历史思维去思考、去研究、去探索事件背后的东西。相信你不久就会发现，历史是越读越有味的。

生 物

生物这门课程是研究生命现象和生物活动规律的一门学科，要想学好这门课程，必须要正确地了解身体，了解人与环境之间的关系，不要盲目地去死记硬背，要与实际生活联系起来理解。

● 仔细了解课本内容，理解和记忆基本概念。根据每单元的学习目标，联系各个概念进行学习。不要只记忆核心事项，要一步一步进行深入地学习。

● 要正确把握课本上的图像、表格、相片所表示的意思。把日常用语和科学用语互做比较，确实理解整理后再记忆。

● 在学习的过程中要先把陌生的名词、术语和概念记住，然后把主要的精力放在学习他们之间的规律上，着重理解生物各种结构、群体之间的相互关系。

● 在学习生物的过程中要注意观察生活中各种动植物的生存特点和规律，与实际生活相联系，这样才有助于快速准确地理解和记忆。

温馨提示

学习是个逐步积累的过程，识记、了解的越多，学习起来就越轻松，也就越喜欢学习。学习方法也因人而异，在学习的过程中，要注意探索、选择适合自己的方法。

第十章　八年级学生现象透析

经历了七年级阶段后，八年级的学生熟悉了学校环境，熟悉了老师和同学，基本上适应了初中阶段的学习生活。但随着身心的变化发展，孩子身上也会存在一些新的问题，不再像七年级时那么“听话”了。

身心特点

对老师和家长来说，八年级阶段是个艰苦期，也是孩子在整个初中阶段的“危险期”。八年级学生的身心特点大致体现在以下几个方面：

● 过渡期

八年级的孩子，正处在半幼稚、半成熟的过渡期，他们虽然有一定的独立性和自觉性，但又有一定的依赖性和冲动性。孩子的体力和智力都在迅速增进着，因而具有强烈的自尊心和自信心。由于孩子的能力和经验不足，加之情绪又多变，他们好兴奋、易激动，在言行上也容易出现偏颇现象。

● 矛盾期

八年级阶段，孩子的身心突然加快了发展，主要表现在：虽然骨骼、肌肉拉长了，但硬度、韧性都比较差。孩子的个子虽然增高了，动作却比较笨拙，在活动中，若不小心，容易发生损伤事故。从外在体形上看，貌似大人，内心却幼稚、天真。部分八年级的孩子，仍然有在笔记本上粘贴明星画片的现象，他们内心想考一个好高中，却抵挡不住武打、言情小说和电脑游戏的诱惑，经常处于矛盾之中，学习成绩往往大起大落，很不稳定。

● 突变期

八年级阶段是孩子身心发展的突变时期。他们已经意识到自己的性别，有的孩子在穿着打扮上比过去更加讲究，于是，把心思放在捉摸异性的一笑一颦上，作业质量开始下降。八年级阶段增设了物理这一门学科，知识量增大了，学习难度也随着增大了。这一时期，孩子的智力如果不能向纵深方面发展，缺少独立思考的能力，缺少抽象思维的能力，将会直接影响孩子的学习成绩。

● 动荡期

在交往过程中，朋友关系在八年级孩子的生活中越来越显得重要了，男女生之间的关系也有了新的特点，出现了微妙的变化，双方都开始意识到性别问题，彼此之间开始对异性逐渐产生兴趣了。评价能力发展的一个突出特点是：十分重视同龄人对自己的评价。

八年级的孩子学会了适应，学会了竞争，这是孩子学习生活中的一大转折。身体外形的改变，内脏机能的成熟，性的成熟，形成了青春期生理发育的三大巨变。这些生理上的变化，将会带给孩子心理发展上的种种矛盾和冲突，使他们面临一系列的心理危机。作为家长，应该多了解一些孩子的心理特点和思维规律，便于今后在孩子的教育方法上少走一些弯路。

老师评语

八年级学生多数在14岁左右，身体不同程度地都在长高。

由于青春期的到来，学生有了好奇心，对异性同学逐渐产生了好感。这一阶段的学生，在学习上，面临着更大的挑战。英语上，由于单词量的不断增多，课文内容也在随着加大，语法、时态等知识也相继加入进来，学生如果稍微松懈一下，成绩也会滑落下来。数学上，让学生最头痛、最难做的平面几何证明题等，进入了学生的视野，学生最头疼几何证明题，却不得不硬着头皮去应付。有的学生因此而产生了畏难情绪，与七年级时期相比，总是感觉学习上很吃力，上课时听不懂、跟不上，有的学生失去了学习的兴趣，时间长了，两极分化现象逐渐显露出来，一部分学生甚至“破罐子破摔”，有了放弃学习的念头。

由于一天天地走向成熟，由于学习上的压力在不断加大，这一阶段的学生，既想标新立异，又担心脱离集体，会出现紧张、焦虑、自卑等不健康心理，会感到生活的单调、枯燥，特别迷恋外面的世界，要么谎称有病而多次请假，要么逃学而沉溺于网吧，要么结伙打架斗殴，时常和老师作难，与家长作对。这种现象，家长丝毫不敢忽视。

为了孩子的健康成长，父母应该坐下来，与孩子进行心与心的交流，对孩子遇到的问题及时发现，及时引导和解决，防患于未然。这样，才能让孩子拥有一种轻松、愉快、积极、向上的心态，去迎接未来的各种挑战。

八年级学生的不良表现

八年级的孩子，他们的行为习惯开始发生了较大的变化。青春期的孩子，认为自己身体上已经发育成熟，就认为自己心理上也已经成熟了。他们认为什么都懂，甚至比师长都要理性，于是，渴望着独立的空间，不习惯老师和家长对他们的行为加以约束和管教，在父母面前，表现得特别逆反。

● 怠惰性行为

对学习不感兴趣，遇到困难灰心丧气，不能集中精力听课，对学习缺乏信心，不能按时上交作业，上课睡觉甚至私下说话，上课看小说，夸下海口却难以兑现，缺乏责任感，没有耐心和毅力，缺乏上进心，自觉学习的习惯没有养成。

● 攻击性行为

打架斗殴，与家长作对，与老师作难，与同学发生冲突，暴躁又容易发火，故意违反校纪校规，欺负小孩子，做出干扰课堂教学的各种小动作。

● 欺骗性行为

说谎，抄作业，考试作弊，偷别人的东西，敲诈小同学，模仿家长签字。

● 逆反性行为

不服从老师的安排，经常顶撞家长，经常逃学，会离家出走，不爱自己的家庭，不遵守集体规则，受到误解而耿耿于怀，知错犯错、有错不改。

● 破坏性行为

乱扔垃圾，损坏花草树木，破坏公物及公共设施，乱写乱涂乱画，撕坏同学书本，集体活动时故意捣乱。

● 其他不良行为

学会了抽烟酗酒，嫉妒他人，任性而固执，孤僻而不合群，心理承受力差，不能与同学友好相处，以异性朋友多而为荣，有早恋迹象，感情脆弱，痴迷上网和游戏，听不进别人意见，不注意交通安全。

原因透析——个体原因

● 扭曲的思维

由于自尊心的增强和成人感的出现，导致了孩子经常因为不满而批评自己的父母、顶撞代课的老师。当父母严禁孩子外出、把他们与优秀学生作比较、逼他们用功读书时，孩子就对家长产生了不满的情绪；受到老师批评时，因为自尊心受挫而感到丢了

面子，产生了逆反情绪；孩子与父母、老师、同学发生冲突时，产生了对抗情绪。

> 某校2009级（16）班的夏某，成绩优秀，在老师和同学面前表现还不错。如果回到家里，就变成了另外一个人，母亲如果没有满足他的愿望，就踢摔暖水瓶。母亲见了也惧怕他三分，孩子反而比母亲更“有理”了。

怎样才能做好一个家长，怎样在教育自己的孩子时能够理直气壮，使孩子在接受教育时心服口服，家长需要讲究一定的策略，付出一定的心血。

中国母亲教育研究所的专家说：要想孩子成功，自己必须优秀。教育孩子的根本在于教育自己。

● 偏激的个性

八年级阶段，孩子在掌握知识和思考能力上，仍然有着一定的局限性，对人对事的评价出现偏激态度，通常以自我为中心，没有站在另一个角度替别人着想。每当看到好友被别人欺侮时，会挺身而出，为朋友“抱打不平”，往往不讲后果。

> 某校2009级（16）班的杜某，得知在本校七年级就读的弟弟被其他同学欺负时，没有站在“大哥哥”的角度来考虑问题，就召集自己班级中的近十名“哥儿们”，为“朋友”抱打不平，一同去殴打七年级“欺负”弟弟的几位同学，造成很坏的影响。

孩子的不良行为，我们做家长的，不能一味地加以指责。有时还要扪心细想：在平时的家庭教育中，也许只关心了孩子的吃穿与学习，却忽略了孩子的行为与习惯。孩子的这种狭窄的心胸和不好的行径，可能与家长对孩子平时的养成教育方法欠妥有关。

● 超常的行为

随着年龄的不断增长和青春期的萌动，八年级孩子的心理也相继发生着变化，孩子时常感到内心不安和冲动，把过多的精力放在了吸引异性同学的举止上，男女同学之间相互传递纸条、互示朦胧的爱意，将学习的注意力转移了，需要老师和家长的正确疏导。

一天下午，上课之前，我在校门口发现，一名女孩子将头靠在另一位男生的肩膀上，一边向着学校走，一边不停地打着电话。大庭广众之下，动作如此的“亲密”，当时令我乍舌。进了校门，这名女生收敛了她那“亲密”的动作，却不停地向外打电话。我跟随在她后面，一直看着她进了自己班的教室，记下了班级，记住了女生的外在特征，及时地向班主任作了“汇报”。在这名女生身上，体现了两点违反校规的行为：其一，不准学生拿手机，而她既拿了手机，又一直打电话。其二，动作“亲密”，这是学校不允许的。

孩子到了八年级，就有了青春的萌动，这是正常现象，家长大可不必伤心以致动怒。要用温暖的情怀去亲近孩子，要用恰当的方法去疏导孩子，要用理智的头脑去教育孩子。只有这样，孩子才能化被动为主动，才能把心思转移到学习上去。

原因透析——家庭原因

家庭氛围和教育环境是影响孩子行为习惯最主要、最直接的因素。有的学校由于大多数学生来自农村，家庭经济相对贫困，文化素质相对较低，家庭教育相对滞后。不少的家庭在教育方式和方法上还欠妥当，加之不利的家庭环境，造成了孩子不良行为习惯的形成。

学生日记

2010年9月13日　　八（16）　　倪睿

有太多的话想说。

有的人把心里话说给父母，会表达自己对父母的感谢；有的人把心里话说给老师，会表达自己对老师的敬佩；有的人把心里话说给那些曾经帮助过他的人，会表达自己对他们的感激；而我要把心里话说给爷爷奶奶，表达自己对爷爷奶奶的感激之恩。

两年前，父母、哥哥都出去打工了，家中只剩下我和爷爷奶奶了。当时，说句心里话，我真的为爷爷奶奶感到难过和心痛。

暑假，正是摘枸杞的季节，家家户户都特别忙，奶奶却得病了，她忍受着病痛，继续为这个家操劳着，爷爷和我整天在枸杞地理忙碌着。我真想为父母赎罪。

前几天，爷爷拿着爸爸的照片看了很久很久，虽然我不知道爷爷在想什么，却能感受到爷爷此时的心犹如刀割。我发现一滴、两滴……泪水都滴打在相片上，而我已经泪流满面了。我多么希望，有人能把爸爸还给我，让我得到家庭的温暖。我也多么希望爷爷奶奶不要再伤心。

记得黄老师说过：“你比姚雪幸运！”说句心里话，我认为她比我幸运。因为至今我家欠账近十万元，姚雪家却没有欠账，她家还有一个商店在。

无论爸爸何时回来，我都会耐心地等待着，这样，我就不会有遗憾了。

从日记中可以看出，这是一名很乖爽的孩子。她之所以感激爷爷和奶奶，是因为爷爷奶奶为孙子付出得太多了；她之所以盼望爸爸早一日回到自己的身边，是因为孩子得到爸爸的关爱太少

了。从这个案例中，我们做家长的能受到一点启发：孩子离不开吃的，也离不开穿的，更离不开父母细致入微的关爱。请家长多给孩子一些爱的关怀！

●方法不当

不当的家庭教育，容易造成孩子心理上的障碍，也会导致孩子形成不良的行为习惯。

1. 家长过分宠爱子女

由于子女的缺少（有的家庭甚至是独生子女），孩子在成长过程中，缺乏兄弟姐妹之间的情谊，使他们滋长了过分依赖、自负自私、唯我独尊、我行我素等不良习惯，缺少一种孩子之间平等、友好、互让的人际关系，不懂得与别人分享快乐，缺乏主动关心别人的习惯，形成了个性上的自私、遇到困难就退缩的不良习惯。

由于爷爷、奶奶、父母的过分宠爱，孩子往往成为家庭中被关注的中心，长期下去，逐渐形成孩子任性、霸道的不良个性，一旦走进学校，融入集体，就会与同学之间产生摩擦和矛盾，甚至出现偏激行为。

这些孩子，由于从小娇生惯养，再加上家长一味地纵容，上小学时，作业不能按时完成，成绩一直落在其他同学的后面。上了中学，又由于七年级新增的课程较多，特别是英语，随着单词量的逐渐增多，语法、时态的出现，学习上有了懒惰行为，背着老师和家长，作业从来没有独立地去完成，一直靠着抄袭其他同学的作业来“混日子”。到了八年级，这种怠惰思想仍然存在，作业照抄不误，考试作弊不停，一直用表面现象来蒙混老师、欺骗父母。

到了八年级下半学期，孩子与其他同学的成绩差距逐渐拉大，形成了两极分化现象，最后不得不走“破罐子破摔”这条路了。每次月考之后，各个班级的班主任与科任老师，就将成绩不理想学生的家长“请”进各自的办公室，与他们商讨对策。据调查，80%的家长说，孩子如果从小养成一种任性、纵容、宠爱的习性，就会对别人不尊重，就会对学习不感兴趣。到了八年级，孩子仍然我行我素，坏毛病不但没有改掉，还变本加厉，到了父母管不住的地步。这时候，父母想开导孩子，已经无能为力，为时已晚了。

因此，要及时纠正孩子的不良习性，高度重视这个看似不起眼却对孩子贻害终生的习惯和做法。

2. 教育方式过于简单

由于“望子成龙，望女成凤”心切，不顾孩子的智力发展水平和兴趣爱好，从小就让孩子参加美术、音乐、舞蹈、外语等辅导班，让他们将来成为这个“家”那个“家”，不从实际出发，不考虑孩子的先天条件和兴趣爱好，对子女的期望值过高。

孩子一旦达不到自己的要求，就加以训斥，甚至打骂，导致孩子恐惧上学、厌恶学习，出现逃学、旷课现象，故意与自己的父母作对。有的家长，缺乏民主观念，对孩子过分严厉，教育方法简单、粗暴，忽视了孩子不安、委屈和恐惧的心理。孩子一有差错，就用棍棒解决，不容孩子来辩白。

●关爱的缺失

孩子对精神上的需求要远远大于物质上的，一句温暖的贴心话，在孩子看来，比一件物品更重要，更能打动自己的心。

不少家长已经开始意识到了孩子处于青春期的身心特点，但在方法上还不能很好地掌握，尤其是目前都是独生子女，家长平时只注意关心孩子的生活和学习，在家里，宠爱孩子已经成为一种习惯，孩子的自我意识一旦开始苏醒，就会对家长的权威进行挑战，家长感到不知所措，无从下手。

由于各种原因，造成了个别父母的离异，导致了家庭的破裂，造成了孩子心灵上极大的伤害。父母的离异，除客观原因以外，主观因素值得注意。父母也许考虑到自己当时能够远离烦恼，却忽略了双方之间的纽带——孩子，没有顾及到孩子的内心情感。离异的父母，内心或许有些触动，当别人看到自己的孩子时，两只眼睛“扑腾扑腾”的，那么可爱，自己却没有办法去给孩子一些温暖和关爱。

因此，在孩子享受物质生活的同时，家长也要给他一些爱的关怀。

致妈妈的一封信

亲爱的妈妈：

您好！从我呱呱坠地的那一刻起，一个新的生命便诞生了，您为了这个新生命的成长，忙碌了自己的前半生。给我喂奶，替我洗衣，为我做饭，为我……为我……您的全部精力都集中在我的身上。

时光如流水，一去不复返。风风雨雨中，已经度过了十四个年头，我渐渐地长大了，您却渐渐地衰老了。眼睛失去了已有的光华，腰身也倦得不再挺拔，家中的繁琐事儿却不能没有您。您不停地劳作着，总是一直忙到深夜才休息。我多想对您说：“妈妈，您辛苦了，快点歇息吧！”憋在心底的话却忍住了，没有说出口。

今天，我要借此机会，对您说一声：“妈妈，您辛苦了！”

天下的爱，有多种，我却觉得，母爱是世界上最伟大的爱，最永恒的爱。这一点，突出地体现在妈妈您的身上。

妈妈，您是家里的主心骨。妈妈，在单位里，讲台是您的第一阵地，回到家中，厨房是您的第二阵地。

在您的心目中，我总是占有一定的地位，总是您长不大的宝贝。无论我走到哪里，您总有一份担心，一份牵挂，一份思念。

记得有一次，我伙同几个好伙伴，在房顶上玩耍，您却到处地找寻我，把我领回家，谆谆教导我，以后不要再到危

险的地方去游玩。

妈妈，您知道吗，从您房门到我房门的距离是五步。这五步长的距离，对您来说，仿佛是一条永远走不完的路。而我觉得，这是一条用妈妈心血铺就的挚爱之路。

无数次地打开房门，您提醒我“别忘了吃药”；无数次地打开窗帘，您为我带来崭新的一天。您慈爱的身影进入房间后，我就牢牢地记住了您一遍又一遍的叮咛。

有一种情，叫亲情；有一种爱，叫母爱。它离幸福最近，且不会破碎。那是一种天长地久的相互渗透，是一种融入彼此生命中的温暖。妈妈，感谢您！

在我成长的道路上，有许许多多不谅解您的地方，让您伤心了。现在，我能理解，您所做的这一切都是为了我好。在此，我深深地说一声“妈妈，对不起，让您操心了！”

妈妈，儿子永远爱您！

谨祝妈妈：

身体健康！灿烂的笑容永远挂在脸上！！

爱您的儿子：陶陶

2010年11月25日

● 监管的错位

父母本应该有亲自监护的责任，为了全家人的生活，不得不外出打工、搞生意，孩子无人管束，要么住进学校的宿舍里，要么在学校附近处典一间小房子，由爷爷或奶奶来照看，要么暂住在姑姑或姨姨家中。父母的关爱，只有物质上的，没有精神上的，家长与孩子之间缺少情感上的沟通。

隔代人的监护，往往过多溺爱、缺少管教，他们因为教育能力的有限、教育方法的欠妥、教育观念的滞后，家庭教育基本处于半空白状态。

由于长期缺乏父母之爱和必要的管教，孩子在心理上感到孤

独、苦闷，在行为上养成散漫、任性的习惯。有的孩子在课堂上显得心不在焉，有的孩子在金钱上显得大手大脚。这表明，不利的家庭环境极大地影响着孩子的健康成长。

● 过分的依赖

经济上逐渐迈向富裕的家庭，父母由于常年忙于经商赚钱，很少过问孩子的学业，很少关心孩子的健康成长，只考虑了孩子是否吃好、穿好、把钱花好，而没有考虑到孩子学习上的问题，没有与孩子进行情感上的沟通和思想上的交流，致使家长与孩子之间的关系逐渐疏远了。

物质上的富有，不但没有消除孩子精神上的困乏，还滋长了孩子胡乱花钱的不良习惯。从这样的家庭出来的孩子，无心学习，为了弥补自己精神上的空虚，他们开始逃学旷课，进网吧、玩游戏，捣台球、玩赌博，抽烟、酗酒，结伙斗殴。这样的孩子，到了最后，就连自己的家长也管不住了。

因此，要让自己的孩子从小不能有过分依赖的意识，这不但没有为了孩子，还把孩子给坑害了。

● 内心的孤独

有的父母，没有顾及到孩子内心的感受，经常因为家中的鸡毛蒜皮事儿，互相谩骂：父亲伤了母亲的三辈子，母亲反过来翻了父亲的八辈子。有时双方甚至大打出手，父亲摔了电视机，母亲砸了暖水瓶。这些举动，孩子看在眼里，伤在心上，会让他们经常生活在沉闷、压抑的家庭氛围中，有时还在家庭“战争”中充当出气筒、替罪羊，使孩子在心理上受到极大的伤害，逐渐产生了孤独、自卑、畏惧的心理，很容易成为成绩差、纪律差的“双困生”。

在家中感到无助，在学校感到压抑，孩子逐渐染上了抽烟、赌博、打架等不良行为，值得引起家长的高度重视和警惕。

● 家庭的困扰

有的学校，学生95%属于农业户，农村孩子的家庭条件不能

和城市里的孩子相比，相当一部分孩子的家庭还比较困难。为了维持家庭的生活，父母双双外出打工，把孩子放在家中，让孩子自己管自己的生活和学习。

由于父母常年不在家，稍微懂事的孩子只好自己做饭，自己洗衣服，自己照顾弟弟和妹妹，大部分的学习时间被家务活占用。在做作业时，有的题不懂，只好应付了事，甚至把做了一半题的作业本交上去充数儿。

不懂事的孩子，由于无人管束，逐渐形成了散漫、任性、放浪的个性，要么不做作业去看电视，要么常邀朋友来家里玩，要么进网吧，要么捣台球，要么逃学旷课，要么结伙打架斗殴等，这些不良的行为，都是因为家人没有与孩子进行思想上的沟通、缺少家庭温暖而造成的。

原因透析——社会原因

孩子每天主要生活在家庭、学校这两个特定环境中。复杂多变的社会环境对孩子的影响也不能忽视。

● 他人的误导

社会是一个万花筒，各样的人物中，不乏游手好闲的社会不良青年，他们引诱在校的学生去抽烟，去酗酒，去打架，去偷人。家长需要及时观察孩子的动向，如果不加留意，孩子一旦染上不良习惯，想让他彻底改掉，恐怕困难较大。这就需要我们做家长的，未雨绸缪，防微杜渐，提前做好预防工作。

● 环境的引诱

好奇、寻刺激、贪玩是孩子的共同特点。

一些商贩抓住了孩子的这一特点，于是，在学校附近开设了“台球室”“电子游戏机室”“网吧”等娱乐场所，引诱孩子入内玩耍，致使缺乏自控能力的孩子沉湎于此，不思学习，逃学旷课，贪图玩耍，既欺骗了父母，又贻害了自己。

孩子本来就没有经济来源，由于支付不了昂贵的玩乐费用，就与社会上的不良青年混在一起，称兄道弟，偷窃、闹事，荒废了学业，毁了自己大好的前程。

做家长的，要留意自己的孩子，每天是否按时到校、回家，是否拿手机上网，是否经常进游戏室。如果发现这个苗头，应及时加以制止，否则，害了孩子的终生。

某校2006级（5）班的贾某，原来在城区某中学读书，由于经常迷恋网吧，不思进取，被学校劝退。后来，又插入到另一学校的八年级（5）班继续就读。刚进入班级时，成绩优秀，名列前茅，深受老师的好评。但好景不长，没过两个月，老毛病又犯了，经常旷课，天天呆在网吧里，不仅厌恶学习，而且成绩下降，面黄肌瘦，身体虚弱，最后自行中途辍学了。

令人不得不对这名学生感到惋惜和痛心，值得引起家长的借鉴。

学生日记

2008年4月13日　　八（3）　　张××

一个轻浮的灵魂，在空中轻轻地飘浮，发出了痛苦的呻吟……

上课时，身体十分地轻盈，没有力气；思考问题时，脑中就会浮现网吧的情景。这真的令我无奈、无奈…我挣扎着，只想去脱离这一方黑色的“天幕”。

我也时常提醒自己，不要去，不要去，可是这个念头最终总是被动摇，仿佛被别人控制了一样，来无影，去无踪。

时光一去不复返，青春逝去永不回。每次想起我的所作所为时，就分外地恨自己，心中充满了惭愧，充满了人生的

缺——在美好的时光里，没有很好地利用时间，去做自己喜欢的事、有意义的事。

我不是没有自己的爱好，但对网吧的痴迷，已经使我整个人深深地陷入苦海。

所谓一失足成千古恨，我如今后悔莫及。想着努力学习的同时，网吧的诱惑却在时刻纠缠着我。轻浮的灵魂在空中漂浮不定，我真想找一片自己的天空。

我真的想远离网吧。

真的！真的……

温馨提示

坚硬优质的钢条，是经过千锤百炼而成的；瑰丽美观的贝壳是经过水冲日曝而得的。我们的意志和毅力也必须在火热的斗争中接受严峻的考验，去接受长期的锻炼。只有这样才能使自己在困难面前，永远热情奋发，斗志昂扬。

——加里宁

第十一章　学习方法的几点建议

——八年级各学科

讲到学习方法，我想用六个字来概括："严格、严肃、严密。"这种科学的学习方法，除了向别人学习之外，更重要的是靠自己有意识地刻苦锻炼。

——苏步青

对于孩子来说，八年级是一个很重要的学习年段，既承上，又启下。孩子的身体长高了，但心理素质还处在幼稚阶段，既顺从，又叛逆，心理波动较大，具有起伏性的特点。因此，往往是，跟着好孩子，容易学好，跟着不良行为的孩子，又容易学坏。

家长要随时留意孩子的具体行为和学习动向，帮助自己的孩子，顺利地渡过这个学习的不稳定期，让孩子朝着正确的方向发展。

对于孩子各门课程的学习，家长首先要心中有数，掌握孩子的学习方法，遵循八年级学生的学习及学科规律，以便更好地监督和指导自己孩子的学习。

语 文

● 迈过规范写字的关口

为什么两篇作文内容相近的试卷，老师给出的分数却大相径庭呢？关键在于两个孩子写字的不同风格上：一个写字工整、规范、卷面整洁，得到的分数就高；另一个写字乱画，歪歪扭扭，字比方格还大，写的字连自己都认不出来，怎么能让阅卷老师辨认呢？作文中的感情分，实际上就是针对写字提出来的。

● 练就背诵默写的能力

无论是古诗词名句，还是文言文名句，每年中考均能涉及到。2011年宁夏中考试卷中分值占到16%。由于卷面分的取消，下一轮新教材中古诗词数量的增多，今后这部分的分值还在增大。常言道："眼过千遍，不如手过一遍。"强调动手的重要性。有的孩子往往不注意这一点，老师规定的古诗词，他都能背诵下来，在考试时为何拿不到满分呢，关键在于他把字写别写错了。因此，家长和老师要求学生不能只停留在把古诗词流利的背诵下来的基础上，还要让他能够没有差错地写下来。在默写时，要求孩子做到眼、口、手、心齐用，将古诗词牢记于心。

古诗、词、文的背诵和默写，要讲究一定的方法和技巧，让孩子不要死记和硬背。死记、硬背有两个弊端：（1）较长的课文背不下来。（2）背下的诗文记不住。

这里，有一种方法，供家长参考，帮助孩子背诵、默写较长的课文：

将全文看着书本念一遍，再把每一句话的头一个字写在纸上，连接起来念一遍。如果看见每一句话的头一个字，能念出后面的话，说明记下来了，否则，没有记住，需要把书再多看几遍，直到记住后面的话为止。以《陋室铭》的背诵、默写为例，具体操作如下：

山不在高，有仙则名。水不在深，有龙则灵。斯是陋室，惟吾德馨。苔痕上阶绿，草色入帘青。谈笑有鸿儒，往来无白丁。可以调素琴阅金经。无丝竹之乱耳，无案牍之劳形。南阳诸葛庐，西蜀子云亭。孔子云："何陋之有？"

→山…有…水…有…斯…惟…苔…草…谈…往…可…无…无…南…西…孔…何…

→山…水…斯…苔…谈…可…无…南…孔…

→山…斯…谈…无…孔…

→山…谈…孔…

→山…

→（全文已经背诵下来了）

● 熟悉古文的基本篇目

初中三年，所学的文言文达四十几篇，但中考时所涉及的基本篇目只有十五六篇。家长要求孩子，在学习基本篇目的文言文时，必须做到：记住课文下面的所有注释（解释加点的词均出于此），译文时将较难的句子牢记于心，顺利完成文言文的简答题。

附：文言文中考基本篇目

（1）《论语十则》（2）《马说》（3）《陋室铭》

（4）《爱莲说》（5）《桃花源记》（6）《小石潭记》

（7）《醉翁亭记》（8）《岳阳楼记》（9）《三峡》

（10）《记承天寺夜游》（11）《送东阳马生序》

（12）《出师表》（13）《生于忧患，死于安乐》

（14）《鱼我所欲也》

（15）《邹忌讽齐王纳谏》（16）《曹刿论战》

（其中，八年级所学的篇目有:《陋室铭》、《爱莲说》、《马说》、《桃花源记》、《小石潭记》、《醉翁亭记》、《岳阳楼记》、《三峡》、《记承天寺夜游》、《送东阳马生序》）

● 会做阅读理解的试题

现代文的阅读与理解题，分值占30%左右。中考时虽然不考课内的现代文章，其基本的知识点及答题技巧，必须在平时的课文学习中得以练就。家长要求孩子，上课时必须注意听讲，将老师所授的最基本的知识点写下来，并牢记于心。要求孩子在听课时，多思考，注意答题思路和技巧。

● 能写各种文体的作文

作文分值一般在40%左右，在几个题型中，分值最高，在整个试卷中的分量最重，让孩子不能忽视。近几年的宁夏中考，作文朝着“给材料作文”的方向发展，尽量避免套写作文的出现。家长要求孩子，应当认真对待平时作文的练写，在提笔写作之前，要花大约二十分钟左右的时间，来低头深思：怎样立意，怎样布局，怎样精选典型事例，怎样才能使主题更为深刻，作文的内容是否与所给材料有关系。要求孩子多练写一些应急作文（当堂练习，当堂完成），因为考试中的作文是有时间限制的。

英 语

英语，是初中阶段最重要的学科之一，无论是每一次的测试，还是中考，分值都是120分。因此，孩子在升入八年级后，家长应经常监督和指导孩子英语课程的学习。

进入八年级阶段，每一次的英语测试题型，均与中考接轨，一般测查下面内容：单词的积累程度、短语的灵活运用、听力的检测、情景对话、语法的变换、15分的小作文等。

● 加强语音朗读训练

学习英语，与语文有着相近之处，就是需要多朗读。朗读的次数多了，内容就感知到了，单词就记住了，句子就掌握了，语感也就有了。家长要求孩子，每天坚持英语的朗读练习，只要朗读的次数多了，就能朗朗上口，牢记于心。有些聪明的孩子，是凭着朗读的感觉来做选择题的，而且每选必对，失误率很低。

● 积累英语单词数量

如果没有积累到一定量的英语单词，很难把英语这门课程学好。有的孩子英语成绩一直在下降，其中一个主要原因是，把每课的单词没有读会、记住。因此，家长应严格要求孩子，必须念会课文中所有的新单词，必须记住每个单词的中文意思，必须写会每一个英语单词。只有这样，才能为以后的学习新课打下坚实的基础。

● 熟悉英语国际音标

英语与语文有许多相近之处，汉语拼音是掌握文字的基础，国际音标也是掌握英文单词的基础。只有把国际音标学好了，在学习英语时，才能无师自懂，无人自通。家长要求孩子，必须先把国际音标念准，念会，通过国际音标来学习英语单词，避免以后少走弯路，少有失误的出现。

● 总结语法时态规律

英语的语法与中文的语法是有区别的，不能按照中文的方式来写英文的句子。与汉语稍有不同的地方在于，英语多了一个时态，随着时态的变化，英语的单词也在随着变化。家长要求孩子，应该多思考，多总结，掌握一定的语法时态规律，该硬背的还要硬背，该死记的还要死记，不能因偷懒而走捷径，这会害了孩子，误了将来美好的前程。

因此，我们做家长的，还要做好对于孩子英语学习的监督工作，一如既往，丝毫不敢松懈。如果家长仍然有懒惰思想或者以种种理由推卸责任，那么，孩子将来的前程也许会毁在自己的手上。

数学

初中阶段的数学，分为四大板块：

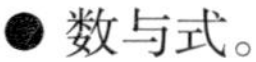

● 数与式。

● 方程、函数、不等式。

● 平面几何及证明。

● 统计和概率。

进入八年级，数学学习的重点主要放在第二、三板块上。

有的孩子，进入八年级后，为什么数学的成绩没有提升上去，反而会逐渐下降呢？原因有五：

◇ 小学时，没有学好，基础薄弱。

◇ 课前不预习、上课不专心听讲，易走神。

◇ 语文成绩低，理解能力差。

◇ 不懂的关键点懒得问老师，不会的难题不去请教同学。

后面是总结的几点建议与大家共享。

● **必须牢记定理公理**

有的孩子整天在搞“题海战术”，错题却经常出现，什么原因呢，脑海中没有积累下基础性的知识，连最基本的概念都没有掌握，想做再多的题，也是徒劳无益的。因此，家长要求孩子，必须把课本中的各种概念、定理、公理吃透，并能根据这些概念、定理、公理来灵活地做各种类型的题，才能举一反三，融会贯通。

● **讲求方法注重过程**

有的孩子见了数学题就头痛，为什么呢？不会做的题，不去询问同学，不去请教老师，一直想着走捷径，拿起别人的作业直接抄。家长要严格地要求孩子，必须注重做题的整个过程，不能只抄别人的答案，要注意做题的思路。在做数学习题时，还应多思考，不同的思路，会有不同的解题方法，应该花最少的时间，用最简便的方法，做题速度比别人还要快。只有这样，在学习数学时，才会有所进步。

● **多看题型多做习题**

在很大程度上，数学的成绩是通过习题做出来的，想靠偷懒把数学学好，这是不可能的，也是不现实的。家长要求孩子，平时要多看各种类型的习题，多做题型，熟能生巧。多做题，还有个前提条件：必须在掌握概念、定理，公理的基础上，要讲求一定的答题方法和技巧。

物　理

八年级有了一个新的变化：新增了一门重要的课程——物理。说它重要，是因为它在中考时的分值为85分。整个初中两册的物理，可分为五个板块：

◇ 声现象（共一章）

◇ 光现象（共两章）

◇ 热现象（共两章）

◇ 电磁现象（共六章）

◇ 力现象（共六章）

分值所占比重：前四个板块的分值为40%，第五板块的分值为60%。

家长在监督孩子学习这门课程时，要求孩子做到：

● 养成提前预习的习惯

如果没有提前做好预习准备，只凭课堂上的听讲，不可能将这门课程学好。通过提前预习，整体感知本章节的主要内容，掌握最基本的知识点。重难点是关键点，将难以理解的关键点做上标记，听老师的讲解时，需要十分留意这个让自己搞不明白的“结”，老师是怎样解开的。实际上，考试的失分点，就是平时没有把这个关键点的“结”给彻底解开。

● 重视基本概念的理解

物理概念的学习是重点不但要记住，而且要理解。大部分的填空题考的就是基本概念，应用题考的也是基本概念。要求孩子在学习每一个物理概念、物理实验时，应该由“机械记忆”转为

“意义记忆”，最终上升为“逻辑记忆”。

● 掌握物理实验的操作

物理课，除了正常的课堂学习以外，还应掌握实验课上的基本操作，因为试卷上少不了一两个实验题。实验题侧重考查基本概念的实际运用。要求孩子重视实验课上的实际操作，应验了“眼过千遍，不如手过一遍”这句话的重要性。

八年级多了一门物理，这就意味着孩子多掌握了一门知识，意味着给孩子增添了一份责任，增加了一份压力。这就要求学习物理课程一定要掌握学习方法，要学会观察物理现象，并学会依据物理现象，结合已有的物理知识，来加以分析和归纳，最终得出正确的结论，把知识生活化是学好物理的良好途径。

其他学科

其他几门课程，在考试中所占的分值是：思品占70分；在地理、历史、生物三门课程中任选一门，作为中考时的科目，占30分。

无论70分的思品，还是30分的“三选一”的科目，中考时，均为开卷考试，考生可以拿着课本和笔记进入考场。在七八年级时，有的孩子不喜欢学习某一门“三选一”的课，多数人把它叫做“副科”。比如：有的孩子不喜欢上历史课，认为自己将来不选考它。选不选中哪一门课，是由全年级组或全班决定，而不是说，自己喜欢哪一门课，就去考哪一门课。家长要教育自己的孩子，无论哪一门课程，都要学好它，因为都是科学知识，将来都能用上它。

● 思品课的学习

首先，做好课前预习，上课认真听讲，课后及时地加以巩固和复习。课前先把要学习的内容看一遍，从整体上把握课本知识的概念，在预习的过程中，遇到不理解的知识点，要做上标记，在课堂上认真地听老师讲解。如果还是不理解，课后一定要及时

请教老师。

其次，必须牢记和理解。要想学好思想品德课，就一定要改正那种翻书就可以的错误观念，一定要理解教材最基本的知识点。

最后，要掌握一定的审题、答题技巧。在理解命题意图之后，要根据所学的知识分析问题，了解它是否符合基础知识和基本理论的要求，再组织语言，有条理地进行论述。对于开放性的试题，要敢于提出自己的见解。

● 地理课的学习

地图是学习地理的重要工具，它具有感官刺激强、信息容纳量大、表述简明扼要等优点。借助地图可以更好的掌握地理事物的空间分布，进而理解地理概念和要点知识。

● 历史课的学习

学习历史要善于总结，这是很重要的，有些问题需要跨朝代和时空才能把答案回答圆满。一则材料有可能和教材的某一章节的知识点相对应，这就需要认真地阅读和理解教材，多做一些练习题。如果不懂教材上的知识点，应当立即向同学和老师请教。

● 生物课的学习

生物知识易懂，“水分”就显得多了点，也就易忘难记。怎么压“水分”呢？选关键词是个好办法。每复习完一章后，总是先选出目录里的关键词。其次是各个小标题，然后是小标题下的文字。最后看关键词，就能把握住整个章节的内容。

总之，无论学习哪一门课程，家长都应督促、帮助自己的孩子，掌握科学的学习方法：

◇ 抓住课堂四十五分钟，学会听课。

◇ 合理安排时间，有计划地进行预习、复习。

◇ 遵循记忆规律，不能死板、教条。

◇ 形成适合自己的学习方法，因“科”制“宜”。

特别推荐

每天进步一点点

他是一个在教室里坐不住的孩子，也是一个让很多老师头疼的孩子。从小学到初中，他的成绩在班里都是倒数前几名。初中毕业后，他没考上高中。他的家人很无奈地把他送到了当地一所私立学校。

临走，家人找到这所学校的校长，希望校长能够帮孩子一把。

校长在公办学校做了几十年的教育工作，退休后，受聘于这所私立学校。

校长先是通过各种渠道了解了这个孩子的情况，知道他酷爱长跑。于是，第二天早上，校长就有意出现在那条跑道上。他理所当然地见到了这个孩子，还一下子叫出了孩子的名字。孩子很是惊讶，从小到大，除了接受别人冷漠的目光，他还从来没有被哪个人——尤其是这个看起来像老师模样的人热切地关注过。那一刻，他的心里有了一种很微妙的感动。

一个又一个星期过去了，他们每天早上都很自然地相逢在那条跑道上，两个人的距离也在不知不觉中拉近了许多。

一次跑步的时候，校长装作很不经意地对孩子说："孩子，我想给你提个小小的建议，如果一个月后你做到了，我就满足你一个愿望——从今天开始，你能不能坚持坐在教室里！当然，只要不影响别人上课，你在教室里干什么都成。"

孩子心想，就这样一个要求呀！他很爽快地答应了。

接下来的一星期里，孩子真的都坐在了教室里。不过，他基本上也没怎么听课——因为，他从来没有听课的习惯。

第二个星期来临了。校长说："从今天开始，你是不是开始写点东西了？你想写什么就写什么。你不能只是坐在那儿，要不，多难受呀！”

孩子想，就找一些自己喜欢的东西抄抄吧！

第三个星期到了，校长说：“从今天开始，你可以找自己喜欢的学科听一听，顺便记一下笔记，好吗？”

孩子也照着做了。

到第四个星期的时候，校长说：“从今天开始，你试着去听听你不喜欢的课吧，其实有些东西听起来也蛮有意思的。”

不知不觉中，孩子在一天天地变化着。唯一不变的，是他们每天早上的长跑。

终于到了满足孩子愿望的时候了，校长问孩子有什么愿望。孩子此时早已经知道，每天陪自己跑步的是校长大人。而且，他们一起跑步的情景让班里的同学很是羡慕！孩子就说：想和校长照张相。校长说，这好办，不过，我希望与你的第二张合影是你考上大学的时候！凭我干了一辈子教育的经验，我相信你一定能行的！

听到校长最后一句话，孩子心想：校长真会和学生开玩笑，不过，能让校长有这想法，也绝对不是什么坏事。

时间一天天过去了，校长有事没事的时候，都会找这个孩子谈谈心，偶尔也会找他的班主任和任课老师询问一下孩子的表现。大家都说：这个孩子的变化大得让人不可思议！

三年时间过去了，出乎很多人意料，这个孩子竟然以优异的成绩考上了某个重点大学的体育系！

这个故事，发生在河南郑州的一所私立学校。

其实，一个孩子，不管他基础如何，只要每天进步一点点，就会有一种超乎我们想象的结果。

如果你是这个孩子的家长，或者是班主任，或者是科任老师，你有耐心让孩子这样做么？这位校长做到了，相信你也能够

做到——只要你愿意。

“人生的道路虽然漫长，但要紧处常常只有几步，特别是当人年轻的时候。”八年级是初中生活的关键阶段，在这个关键时期，孩子会有许多不适应，在老师及家长的指导下学习生活，从小事做起，养成好习惯，为九年级的学习生活做好准备。

作为家长，抚养和教育好自己的孩子，是一件很不容易的事情，需要花费我们家长大量的时间和精力，需要付出我们大量的心血和汗水。只要我们努力了，相信我们孩子八年级的学习生活一定过得很愉快。

挑剔中成长的孩子学会了苛刻
敌意中成长的孩子学会了争斗
讥笑中成长的孩子学会了羞怯
羞辱中成长的孩子学会了自疚
宽容中成长的孩子学会了忍让
鼓励中成长的孩子学会了自信
称赞中成长的孩子学会了欣赏
公平中成长的孩子学会了正直
支持中成长的孩子学会了信任
赞扬中成长的孩子学会了自爱
友爱中成长的孩子学会了关怀

温馨提示

含泪播种的人一定能含笑收获。每一日你所付出的代价都比前一日高，因为你的生命又缩短了一天，所以每一日你都要更积极。今天太宝贵，不应该为酸苦的忧虑和辛涩的悔恨所销蚀，抬起头，抓住今天，因为它不会再回来。

第十二章　九年级学生的身心特点及对策

家庭教育是一门学问，九年级学生的教育更是其中的难题。家长只有清楚地了解这一时期孩子的特点，才能有的放矢地做好教育子女的工作。

如果将人生比作一圈400米长的跑道，那么九年级就是这一圈中的一个拐弯处。面对可能左右自己人生走向的升学压力，面对影响自己身心发育的青春期困扰，每个孩子都希望父母在自己最需要的时候给予恰到好处的帮助。那么，什么是九年级孩子“最需要的”，家长怎样做才能给予孩子“恰到好处的帮助”呢?

我的地盘我做主

走过两年的初中生活，又面临着升学的压力，九年级的学生无论在身体上，心理上，还是价值观都会发生相应的变化。他们逐渐开始有了自主学习的意识，但是个人对升学的期望值与本身实际能力之间的矛盾，会使他们产生不同的心理状况及行为表现。特别是日益迫近的中考，使他们的学习压力增大，这时更容易出现对自己学习没有信心、对前途担心、对父母说教反感、心

情烦躁压抑等各种现象。其实，这些现象在九年级的学生身上表现出来也是正常现象，如果我们做家长的对孩子的这些心理不适未能及时进行调节，就很有可能影响他们的学习和考试成绩，甚至影响他们的正常生活。所以，作为家长，如果能认真研究、分析这一时期学生的特点，采取科学有效的措施，对促进孩子的教育十分重要。

首先，九年级学生生理功能逐渐进入了早期的成人化。他们的自我意识向独立成熟方面发展，在对人和事的态度、情绪情感的表达以及行为的表现等方面都发生了明显的变化。他们渴望社会、学校和家长能给予自己成人式的信任和尊重，却没有成人那种深刻而稳定的情绪体验，缺乏承受压力、克服困难的意志力，缺乏社会经验。正是由于他们心理上的成人感及幼稚性并存，才表现出种种心理冲突和矛盾，具有明显的不平衡性。因此我们做家长的，要多和孩子进行心与心的交流，让他们明白自己的目标和责任。

其次，增加了对同伴的关系，与父母在情感上、行为上、观点上日益脱离。这时，父母的榜样作用逐渐削弱，从此不再是他们崇拜的偶像，态度上更多了些保留、批评和怀疑的成分。这种强烈的独立意识，使他们对一切都不愿顺从，不愿听取父母、教师及其他成人的意见，常处于一种与成人相抵触的情绪状态中。他们对父母的依赖更表现为希望得到父母精神上的理解、支持和保护。而大多数的反抗是在向别人证明自己是独立的，所以这时的家长，应多给予孩子肯定和表扬，只要他们做得对，就要支持，让我们的赞扬成为生活的习惯。

在心理上，每个学生都渴望得到尊重，这正是他们认识自我价值的反映。进入九年级的孩子，更渴望得到理解和宽容，追求浪漫轻松、自尊、好胜、求知和参与。孩子害怕家长指责、嘲笑自己的幼稚和冲动，反感父母居高临下的批评与训斥，这也是这时家长与孩子容易产生矛盾的根本所在。对于孩子与父母产生的误解和不愉快，由于认知不全，容易产生偏差，继而引发孤独、抑郁、偏执等心理障碍，因而带来了情绪上的固执。一些学生因为几次挫折会被一种无助和抑郁的情绪所淹没，很长时间不能摆脱出来。

最后，这个时期的孩子，由于性的发育而导致的性别意识、性意识又进一步在心理上产生断乳，进而形成渐趋强烈的个性意识、独立意识、成人意识。正是这些意识的形成，使他们认为，自己已长成大人，能够自己管理自己，决定自己。面对老师的教育、家长的指教，又容易出现幼稚型的情感冲动，他们对与自己年龄相当的异性产生了兴趣，并希望有机会接触异性，或在各种场合想办法吸引异性来关注自己。由于青少年情绪的不稳定性，自我意识甚强，因而在接触过程中，容易引起冲突，常因琐碎小事而争吵，甚至绝交，交往对象常有变换，这种变化又会影响到孩子的情绪、生活及对人对事的态度。所以，作为家长，我们应细心观察孩子的这一变化，及时给予正确的引导。

学生作文

光明中的黑暗

人，在认识自我时总是“不识庐山真面目，只缘身在此山中”，我也迷茫，拥有的眼睛不是灵动的，而是呆滞的，有着死亡的颜色。爱着寂寞与单调，爱光明中的黑暗。

——题记

阴冷，湿，暗，周围的墙上涂着红、黑和白色的涂鸦，画着骷髅头，墙角有一堆白骨，一枝玫瑰拥有着血色，不失浪漫地被颤抖的烛火照射着。一个全身被鞭打过的，眼睛里却没有一丝泪痕的女孩，不知寻找着什么东西。只觉得好冷，好浪漫。那个女孩有时就代表着我的心情，迷茫，困惑，走在阴霾里，可以自拔却不想出来。

或许，大家认识我，只能认识我最光明的一面，一天嘻嘻哈哈打打闹闹，有时完全没有女孩子的矜持，但我的心却无法走出那种感觉。人们都太过于自私，太假，整个社会是个舞台，大家都在参加面具舞会，我讨厌。我喜欢真实点的，我喜欢浪漫与爱情的故事。这一变化是我从农村到城市后才变的吧！这也许就是成长吧。

人生是一场戏，人们只不过是逢场作戏。

人生是一场戏，每个人都是自己生活的主角，逢场作戏的只不过是客串于其他人的生活中罢了。

第一句是同学香菇说的，后一句是我反驳她的。由此可见，我爱辩论，我爱哲学。长大后，我爱上了哈利·波特，爱上了日本动漫，爱上了《萌芽》。时间的潮水冲刷着埋向记忆的沙滩。我，遗忘了太多。

我不爱记日记，觉得该记住的就会刻骨铭心，不该记住的就会在时间的长河里消失得无影无踪。

日记太荒谬，生活太荒谬。

对于本人来讲，初中的友情也太糟糕，太荒谬。无法去找到小学一般的天真。无法找到自己的“钟子期”，变得太敏感了。

进入九年级的我太叛逆，亲情太繁琐，友情太荒谬，爱情无法寻找，师生之情太短暂。迷茫，困惑，走在阴霾里。

昨天似乎是一场梦，没有昨晚的梦追。

成长是痛的，如刀去割心。

我只能等着下一个轮回，看着手心里长出纠缠的曲线。失望与希望如同一个无底洞，却在同一个洞里。

不知说什么，心里想说太多了。

“竟无语凝噎。”

……我就是光明中的黑暗……

啰啰嗦嗦了大半天，希望能遇见一位“伯乐”，也希望能遇见“钟子期”，我愿意为她（他）绝弦。

通过上面学生的作文可以看出，孩子阳光、乐观的一面稍微欠缺，多了一份孤独、抑郁。因此，家长应多给孩子一些关爱，让孩子真正有一种愉悦感，真正地做到“我的地盘我做主”。

知己知彼才能百战不殆

进入九年级的学生就如一个矛盾体，有时会表现得非常可爱，他们会因运动会得了第一名而欢呼雀跃，会因数学老师的生病而抱头痛哭，会因考试成绩的不理想而黯然神伤，也会因老师的表扬而得意洋洋。在这看似平静的日子里，这些十五六岁孩子家庭中却发动着一场场与家长的战争。

进入九年级后，我所带课的班级就先后出了几件事，让我印象深刻。有一男生的家长，开学时找到班主任，满脸愁容地说：“老师，帮帮我吧，我的孩子成绩下滑得厉害，回家也不愿意和我交流，吃了饭就进自己的屋子，立即锁上门。我把门锁下了，他也有方法把门关上，我从外面打不开呀？我该怎么办呢？”。

又有一次，在考完期中考试后，成绩刚刚发给学生，第二天早上，有一女生的妈妈就泪流满面地给班主任哭诉：“昨天，我拿到孩子的成绩后，就说了她几句，没想到她拿起水果刀放在手腕上，咆哮道，不要说了，我受不了了。”母亲继续说道：“当然，我也不甘示弱，也拿起另一把刀，大嚷道：你割，我也割。今天你去死，妈妈也陪你死。”女孩最终放下刀，也认识到自己行为的错误。班主任立即叫来了这个学生，及时与她沟通，并请来家长，帮助家长与孩子进行相互沟通，缓和矛盾。家庭矛盾怎么这么突出呢？

家长与孩子的这些矛盾，我们先从父母方面分析。

第一个原因，不少父母的家庭教育也只是停留在表面。父母对孩子的需求不了解，父母只是一厢情愿地向孩子唠叨。父母主观地判定孩子的问题，然后进行简单化的教育。

第二个原因，父母和孩子沟通时过于急躁。有个孩子七八年级时，成绩下滑，母亲总是谩骂孩子，后来就变成了打。到了九年级，母子的矛盾也越来越大了，孩子竟扬言要杀掉自己的母亲，令人十分痛心。

第三个原因，父母自以为是。他们不知道自己的付出里有相当一部分是孩子并不需要的，这种过于热心的教育，对彼此间的沟通极为不利。

第四个原因，缺少正确的方法和指导。很多家长没有条件阅读有关教育子女的书籍，没有正确的方法管教自己的子女。

我们再从孩子方面来分析，现在，社会给孩子的压力太大了。他们面临着激烈的社会竞争，特别是九年级的学生，面临着各种考试，每一次考试都会对孩子的心理造成巨大的压力。对孩子们来说，考试只能成功，不能失败。他们的情绪本来就压抑，如果加上家长的唠叨、批评，让他们的情绪压抑到了极点，最终，“炸弹”被点燃了。很多孩子以自我为中心，不会考虑到父母的感受，把家当成宣泄的场所。他们正处在青春期，独立性增强了，情绪两极化了，一时因成功而激动，一时因挫折而抑郁消沉，行为又容易冲动。

走进他们才能帮助他们

第一，作为家长，要了解这一时期孩子的身心特点，允许孩子犯错误，并注意批评的艺术。九年级的学生开始走向独立，自主意识增强，处于心理断乳期，存在独立性和依赖性的矛盾，成人感与幼稚感的矛盾，开放性与封闭性的矛盾，自制性和冲动性的矛盾，渴求感与压抑感的矛盾。孩子敏感而又冲动，冒险性强、理智感弱、自控力较差，是容易犯错误的时期，一些心理学家把它称为人生的“危险期”。

第二，家长应尽量引导孩子少犯错误。在批评孩子时，要给孩子一个解释的机会，鼓励孩子自己说出改进意见。父母帮着多想出几种解决办法来，和孩子一块分析每种方法的利弊，让孩子自己做出选择。孩子往往是我们的一面镜子，孩子的问题多数与我们家长老师的教育行为、方式有着密切的关系。要想孩子有变化，家长要先反思并修正自己的观念与行为。

第三，尊重孩子独立的需求，给孩子一定的“隐私”权利。九年级学生的自我意识在逐渐地觉醒，他们不愿事事告诉父母，常有固执、反叛的行为，让家长十分担心。家长总觉得自己有经验，总想让孩子少走弯路。其实，从孩子在自己固执、反叛的行为中获得的有用的因素也许更多：孩子在痛苦的自我探索中，学会了认识自我，发展自我，完成了成长的飞跃！因此，要注意充分尊重孩子独立性的意愿，不要再用小学时单纯“要求”的教育方法，要学会放手，要给孩子留有自我成长的时间与空间。

第四，沟通从交心开始。麦道·卫迪·克戴依在《六A的力量》中说：“爱”是家庭教育的基础建设，是用来支撑“约束”的保护伞。规矩如果不是建立在良好的亲子关系上，就会导致孩子的反抗。家长希望孩子听话，首先必须与孩子建立良好的亲子关系。尊重孩子，学会倾听孩子，对孩子的话少点评价，尽量不予否定性评价。

第五，建立培养孩子良好行为的有效的激励机制。孩子喜欢打篮球，可与孩子商量行为目标，如果完成得较好，就拿他喜欢的活动作为奖励。

语文老师对答案，有一道填空题是：缺少（ ）、缺少（ ）、缺少（ ）。

卢近南站起来说：缺少母爱、缺少父爱、缺少钱花。

重视早恋问题

学生作文

青春回想

九年级×班　马星

那些骑着单车吹着口哨的岁月，那段望着星空许下心愿的年华，那些伴着泪水和欢笑的光景，那些和着音乐翩然起舞的时间，都能体现出这样一个瑰丽而灵动的词：青春。随着我成长的脚步，青春就这样朝我走来。

进入青春期，总感觉自己有一些勇敢，有一份成熟，有一份羞涩，有一份落寂。

青春，伴随着喜悦和欢笑。进入青春以来，明显感觉到自己个子变高了，于是，到球场去的次数比以前更加频繁。走在同学们中间，也是故意昂首挺胸，以此来“彰显”自己长大了。但是，随之而来的又有些烦恼。某天早晨，起床抓起镜子一看，简直不敢相信自己的眼睛：里面那个满脸痘痘的家伙是谁？

是的，几乎是一夜之间，“青春痘”悄然侵占了我的脸庞，心情非常失落，几欲落泪。再次走在同学们中间，我总是感觉有无数双眼睛盯着我，所以，我总是低着头，害怕和别人交谈。我，失去了往日的自信。

老师与我谈了几次，虽说心里压力减轻了不少，可是仍然有一块石头压在心上。

直到有一天，她——我们班一个漂亮的女孩走进了我的生活。

记得当时的我，正无力地趴在桌子上，她走过来，坐在我对面，叫起我，说："寒，振作起来吧，看看窗外的彩虹，很美丽的呢！"我感激地看了看她，对她点了点头。

从那以后，我们成了亲密无间的好朋友。经常一起吃饭，看书，学习。她也帮助我解决了学习上的问题，有时候也在一起相互开玩笑、调侃对方。上课时偶尔的回头，发现对方也在朝向自己，不禁莞尔一笑，继续听课。我发现，我们之间似乎有了一种默契，只要一个眼神，一个动作，便立刻会意了对方。

我们在一起的时候，我的成绩确实进步了不少，于是便更喜欢和她在一起。可是，不久就从同学们之间传出了一句话"我们早恋了"！听到这句话时，她的脸微微一红，接着便跑开了。

从那以后，我们再没有说过话，我的学习成绩直线下降，上课不是睡觉，就是看小说，班主任很着急，期间好几次都找过我谈话，只不过我还沉浸在那段阴影中，没有走出来。随着时间的推移，那些感情的伤痛，也变得很淡很淡。

又一次，偶然读到一本书中的一句话："青春的爱恋如一场美丽的流星雨，虽只是一瞬的璀璨，但也曾照亮过天空。"这时再回想起老师曾对我说过那些话和政治书中的内容，我猛然醒悟：原来的那些往事，只不过是青春期一朵含苞欲放的花朵，过早地开放，只会加速它的凋零。于是，我豁然开朗。

青春季节的花开花落，都是一份心的历程，我无悔与你

共有的青春。

青春来了，我在阳光下明媚地笑了。

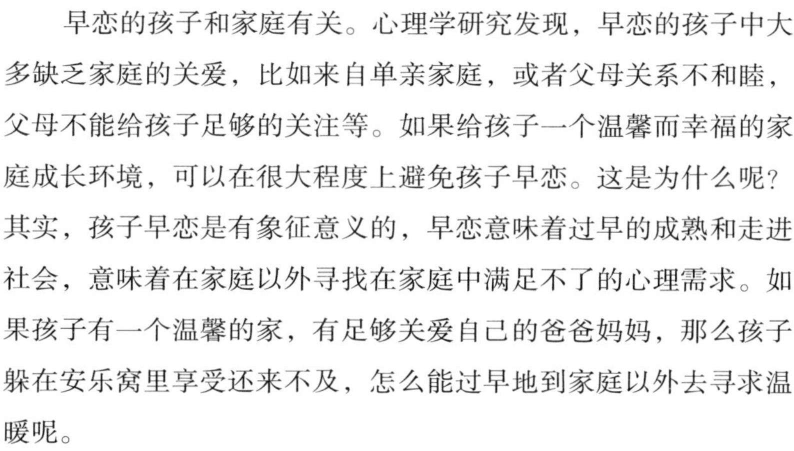

早恋的孩子和家庭有关。心理学研究发现，早恋的孩子中大多缺乏家庭的关爱，比如来自单亲家庭，或者父母关系不和睦，父母不能给孩子足够的关注等。如果给孩子一个温馨而幸福的家庭成长环境，可以在很大程度上避免孩子早恋。这是为什么呢？其实，孩子早恋是有象征意义的，早恋意味着过早的成熟和走进社会，意味着在家庭以外寻找在家庭中满足不了的心理需求。如果孩子有一个温馨的家，有足够关爱自己的爸爸妈妈，那么孩子躲在安乐窝里享受还来不及，怎么能过早地到家庭以外去寻求温暖呢。

避免孩子早恋，家长首先做到：父母之间的问题，需要父母自己去解决，不要把过多的压力传递给孩子，尽量帮孩子减压。其次，父母要做孩子的知心朋友，多关心孩子的心理成长，而不是只问学习成绩。第三，如果孩子真的早恋了，父母也不要一味地指责孩子或者“拆散”他们，而是要多想想，父母自己有哪些地方没有做好，以致孩子非要到家庭以外去寻求温暖？这样想一想，有助于父母更加理解自己的孩子，并理性地处理好孩子早恋的问题。

如何解决早恋的问题，这是所有父母和教育工作者都可能遇到的棘手而又难以解决的问题。有这样一位父亲，他的一番语出惊人的谈话，就将沉醉于爱情之中的儿子从梦中唤醒，并为未来一位文学大师的诞生铺设了一条正道。父子之间的这次谈话，后人津津乐道，被称为“是人类文化史上绝无仅有的经典细节”。

成功是一片海

故事是从爱情开始的。

每一份爱情的来临都不是无缘无故的。作为这所美国人开办的私立学校中最为优秀的男生，男孩有理由得到情窦初开的少女的追求——他长相俊秀，气质儒雅，拉得一手漂亮的手风琴，而且，英语口语在学生中无人能及。当然，向他示爱的女生也并非平庸之辈。那位名叫依丝米忒的少女是伊斯坦布尔赫赫有名的皮草大王的女儿，貌若天仙，伶俐可爱。

依丝米忒常常在校园拦截他，有时会送给他一些小物件，比如手表、瑞士军刀、皮带什么的，都是男孩喜欢的东西，有时只为了和他说几句话。说实话，这样漂亮多情而又率性热忱的女孩子几乎没人能够抗拒。所以，他也不知不觉地陷进了依丝米忒用温柔和热情织出的情网。

他的变化被父亲看在眼里。处在莽撞毛糙的少年期的儿子一度显示出了异常举动，多数时间心事重重，神游身外，其间伴随有间歇性的傻笑。作为过来人，这位一直受西方思想熏陶的大个子葡萄酒商人，敏锐地察觉儿子一定是有了心上人。可是，儿子还是如此稚嫩孱弱，虽然个头已经快和自己差不多，但是，他除了会学习，其他什么也不会，甚至连衣服都不会洗。沉醉初恋不知归路的儿子是在携带着美好情愫走可怕的感情钢丝啊！他决定和儿子好好谈一谈。父子间的谈话是在一次晚餐时进行的。父亲直言不讳地问儿子："奥罕，告诉爸爸，那个入你法眼的女孩子叫什么？"

他因意外，显得非常吃惊。只是怔了片刻，随即垂着头轻声告诉了父亲。他不敢抬头直视父亲，等着父亲大发雷霆。

父亲说："还是到此为止吧，听爸爸的话。"

他见父亲态度温和，胆子渐渐壮了起来。他为自己辩解："爸爸，是她主动的。况且，她的条件的确不错呀！"

他觉得更像是在为他们的那份感情辩护，心底有一股豪气油然升腾。

父亲轻轻摇头：“奥罕，你还太小。”

“太小？爸爸，我已经19岁了，是一个男子汉了。而你，当年只有17岁不就和妈妈好上了？”他自认为抓住了父亲的话柄，情绪越发激动起来。

他说的确是实情，他等着父亲妥协。

可是，他听见依然和蔼的父亲说了这样一番话：“你说的没错。可是，你知道吗，我17岁的时候已经在葡萄酒作坊当酿酒师傅了，每个月能拿2000万里拉。我是说，我当时已经能够自食其力，有一定的经济实力为爱情埋单。你呢，一个里拉都挣不到，你凭什么心安理得地钟爱自己心仪的女孩？”

他桀骜的心被父亲的话征服了，埋头扒饭，一声不吭。

父亲又语重心长地安慰他：“奥罕，不是爸爸古董封建。你想想看，一个男人，如果没有经济基础，不能为他的爱人提供必要的物质保证，如果你是女子，你会怎么看待这样的男人？儿子，我告诉你，我一直都认为，一个男人，如果没有一份赚钱的工作，不能自食其力，哪怕他40岁甚至50岁，都不配谈恋爱，谈了，就是早恋；相反，只要他有立业挣钱养家的本事，15岁恋爱也不算早恋！”

父亲的一番话，可谓语出惊人，是他闻所未闻的逻辑，但又是那么入情入理，无懈可击。一语惊醒梦中人，经过思想斗争，他做出了从依丝米忒身边安静地走开，从这段虚幻飘渺的无根之爱中抽身而退的决定，尽管为此他承受了半年的痛苦。

牢记着父亲的嘱咐，他知道自己涉足感情还为时过早，于是集力于学业，最终一举考上伊斯坦布尔科技大学——土耳其最好的国立大学，并在这里牢固地奠定了日后事业的基础。

他就是奥罕·帕慕克，2006年度诺贝尔文学奖获得者。

荣获巨奖之后，奥罕·帕慕克曾在重要场合多次提到这件鲜为人知的早年趣事，坦言自己感激父亲当年“温柔地扼杀了一件愚蠢而羞赧的情绪”，让自己避免了蹉跎年华。土耳其国家级大报《自由之声》的一位资深评论员发表评论，说奥罕·帕慕克父子当年的交谈“是人类文化史上绝无仅有的经典细节”。

这一评价恰如其分，奥罕·帕慕克的父亲关于恋爱岁数的观点见解独到，其精辟在众多观点中无人能出其左右，更重要的在于，这次谈话为未来一位文学大师的诞生铺设了一条正道，其意义永难磨灭。其实，融入了浓浓父爱的故事，即使是发生在普通人身上，都足以以经典相称，更何况是发生在伟大的天才作家身上呢？奥罕·帕慕克的成功当然是他自己的天才与勤奋的结果，但其父亲给他上的经典恋爱课同样功不可没。

丹麦的一位诗人说过：“成功就是一片浩瀚的大海。”你本人的付出是注入其中的最重要的那条大河。可是，千万不要忘了，还有无数条不起眼的支流也尽了一份力。

附：孩子可能早恋的10种信号

1.孩子变得特别爱打扮，注意修饰自己，常对着镜子左顾右盼。

2.成绩突然下降，上课注意力不集中。

3.活泼好动的孩子突然变得沉默，不愿和父母多说话。

4.在家坐不住，经常找借口外出，瞒着父母到公园、歌厅等场所，有时还说谎。

5.放学回家喜欢一个人躲在房间里，或在一边想心事，时常走神发呆。

6.情绪起伏大，有时兴奋，有时忧郁，有时烦燥不安，做事无耐心。

7.突然对描写爱情的文艺作品、电影、电视感兴趣。

8.突然喜欢谈论男女之间的事。

9.背着家长偷偷写信，写日记，看到别人赶忙掩饰。

10.常有异性打来电话。

温馨提示

在正确的时间，做正确的事情；恰当的方法事半功倍，拙劣的说教事倍功半。

第十三章　九年级学生行为习惯养成分析

教育就是习惯的培养。教育的本旨在于培养能力，养成良好习惯。一个人如果养成了良好的习惯，将受益无穷。良好的行为习惯作为中学生学习、生活的重要内容，其好坏直接影响着他们的成长和未来。教育工作者应该把学生行为习惯的培养摆到工作的重要位置。

——陶行知

九年级的学生，即将结束他们初中的学习生涯，辛苦了几年，多少风风雨雨，多少努力和付出，现在到了最后收获的季节，该画上句号了。这一个句号能否画得圆满？在这仅剩的时间里，绝大多数的学生一天天更加懂事，学识一天天增长，成绩在不断地进步，学习习惯、行为习惯、品德方面等都能突飞猛进，各方面有了大的飞跃，这些都为孩子今后的学习和生活奠定了坚实的基础。恰恰这个时候，如果家长和学校放松对孩子的教育，有些学生就容易出现一些不良的行为习惯。

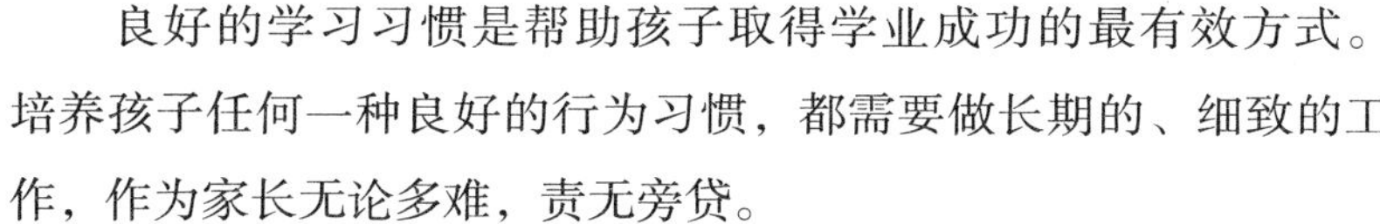

我把作业弄丢了

良好的学习习惯是帮助孩子取得学业成功的最有效方式。培养孩子任何一种良好的行为习惯，都需要做长期的、细致的工作，作为家长无论多难，责无旁贷。

我所带的班级里就有这样一位同学。那天，我上课时发现教室的最后一排有一个男生，总是心不在焉，要么看看周围的同学，要么看看窗外，神情不专注，我多次提醒也无动于衷。下课后我在班主任那儿了解到，他叫黄某，成绩中偏上，脑瓜聪明，不求上进。在后来的一段时间里我很留意他。他，经常不交作业或不按时交作业，甚至不做作业；多次谎称作业做了落在家里忘带了；课堂作业拖拉，十有九次来不及完成；他的课桌和书包常是杂乱无章；书和本子也是“蓬头垢面”；常对父母、老师撒谎：“作业做了交了”“我把作业弄丢了”，凡此种种。

其实，这样的问题主要是生活习惯和学习习惯不规律造成的，这些孩子行为随意，思维活跃，口头表达能力差，常容易把作业放错地方，把钢笔和其他学习用品随意丢弃，在家里和学校都不能有条不紊地学习，常常为此花去大量时间，所以常常把自己搞得狼狈不堪。为此，作为家长，必须意识到这个问题对孩子的课堂学习可能产生的影响，甚至影响到他今后的生活、学习和心理健康。

九年级学生容易出现的不良行为习惯有：

◇ 少数学生行为习惯变差，学习态度恶劣。

◇ 学习态度不端正，家庭作业不完成，时常产生厌学的思想。

◇ 部分同学严重偏科。

◇ 有些同学基础差、学习不投入。

◇ 有些同学在学习上没有表现出很强烈的进取心，得过且过，成绩平平。

◇ 在与他人相处方面，有个别同学表现得很是尖锐，在班上总是和同学们闹一些矛盾，产生思想问题，影响了学习。

◇ 感觉升学无望，迷恋上网络。

◇ 少部分学生会做出一些极端行为，如打架、闹事、不学习等。

习惯在于养成

习惯就是习惯，谁也不能将其扔出窗外，只能一步一步地引下楼。

——马克·吐温

对于进入九年级的学生，好多的习惯养成已多年，改正不是一件容易的事情。经常听到一些家长这样抱怨："现在的孩子是怎么了？越来越不听话，越来越不服管，小时候她（她）……"随着社会的发展，现在的中学生世面见得多了，知识面宽了，各种不良行为习惯开始暴露无遗。作为家长一定要有耐心，更要有信心帮助他们逐渐转变。

● 学生道德品质的养成

苏霍姆林斯基认为："如果作为道德素养的最重要的真理在少年时期没有成为习惯，那么，所造成的损失是无法弥补的"。"教育必须育人"是教育最根本的思想。现在九年级的学生，年龄一般在15岁左右，他们正处于由少年期向青春期发展的重要时期，这个时期正是他们道德品质形成的关键时期。如何让他们形成良好的道德品质应成为家长最主要的目标之一。因为孩子有了好的品质，将来在和同学相处时就和谐了；孩子有了好人缘，他的心情就快乐；心情好了，学习的劲头的也就更大了。为实现这一目标，作为家长，我们一定要提前做好预防工作，防止孩子出

现不好的苗头。

具体要求：

◇ 经常让孩子使用礼貌用语，主动向别人问好。

◇ 学会尊重他人，懂得关心他人，学会为他人着想。乐于听取老师、父母及他人的教育，不任性。

◇ 学会照顾、体贴父母、长辈，礼貌、热情待客。

◇ 培养诚实守信的美德，不撒谎，知错必改。

◇ 热爱学校、班集体、团结同学，乐于为集体出力，有较强的集体荣誉感。

◇ 培养谦虚礼让的习惯。

● 学习习惯的养成

对孩子学习习惯的培养要从细微处做起，引导孩子把吸取知识当作享受。对于一个即将中考的九年级学生而言，如果没有好的学习习惯，就一定不会有好的学习成绩。为了孩子更好地学好文化知识，让其养成较好的学习习惯是必需的。因为孩子带着良好的学习习惯，在进入下一阶段学习后才会更快地适应，也会受到老师和同学的欢迎。

要让孩子养成良好的学习习惯，家长首先应从日常小事做起，事事严格要求。因为孩子学习习惯的好坏，往往体现在一些小事上。抓好孩子日常小事是落实其养成良好学习习惯的最好方法之一。例如，学校纪律的教育，上下学时间的限定，学生站立的姿势和穿戴的规定等等。一般情况下，学习好的孩子往往学习习惯都比较好，而学习不好的孩子多数并不是因为脑子笨，而是没有良好的学习习惯。如：长时间看电视，玩电脑游戏；作业常常需要父母的督促、陪伴方能完成；学习不专心、不认真，不喜欢课外阅读，不知道珍惜时间，不知道什么时间做什么事情等等。

● 生活习惯的养成

生活是人生的第一课，也是最基本的课程。生活习惯的好坏，既是影响学生身心健康的因素，又是学生综合素质的体现。

它包括饮食、起居、卫生等习惯。家长要根据孩子的年龄特点，适当为孩子立规矩。如：养成“自己的东西自己整理”和“爱清洁，讲卫生，有条理”的好习惯。

具体要求：

◇ 按时起床，睡觉，早晚做好个人卫生，培养孩子自己动手安排生活的习惯。

◇ 书籍、衣物、房间整理，不乱扔乱放东西，锻炼孩子合理安排生活的能力。

◇ 学会交纳水、电费，不乱花钱，学会生活中的基本理财。

◇ 学会创造美化生活，学会合理安排课余生活。

● 健康心理习惯的养成

九年级的学生，即将面临人生的第一次重大选择，他们的心里也会发生一些重大的变化。如果家长不能及时地发现并加以引导，同样会影响孩子的学业和生活。那么，如何让孩子有一个积极健康的心态呢？

首先，要培养孩子抗挫折的能力，走出失败，迈向成功。作为家长，要善于教育孩子勇敢面对现实，制定自己的人生计划。人生道路有挫折，这是任何人都无法避免的，既然挫折无法避免，那就只有增强抗挫折的能力。例如，家长要教育孩子，把考试失败当作一种机遇，当作一次练兵，一次知识准备的检验，坐下来找出漏洞，为下次成功奠定基础。在挫折面前，要有必胜的信心，在生活、学习中，要发挥孩子的积极性、主动性。凡是孩子自己能做的事，家长绝不替代。虽然独自做的不是很完美，问题很多，但这样才能让孩子在困难中增长能力。引导孩子多渠道获取解决问题的办法，多阅读获取一些他人成功的经验和技能技巧，使孩子学会在困难面前不气馁。让孩子学会合作，提升综合解决问题的能力。

其次，要适时关爱孩子，引导孩子走出失败的阴影。在孩子成长过程中，心理承受能力比较脆弱，遇到预想不到的困难时，

一定程度上会使他灰心、失落。例如，考试失败，家长应热心帮助孩子分析失败的原因，从不同角度看待考试失败，而不是训斥、恫吓。淡化失败产生忧虑情绪，尽早帮助孩子卸下失败带来的包袱，走出考试的阴影。只要善于分析孩子失败的原因，并能加以正确的引导，不让其形成恶性循环，把那些用于苦恼纠缠的时间来做个阳光的释放。

再次，不要溺爱、偏袒、迁就孩子。教育孩子是每一个家长的责任和义务。一些错误的观点认为，孩子要什么就给什么，只要孩子开心了，满足了孩子的需要就是对孩子的爱，不想让自己吃的苦在孩子身上重演。孩子做错了事，视而不见，能迁就就迁就，这恰恰做了一件极大的错事。结果是，孩子觉得自己什么都可以通过家长而得到，失去了自理自立的愿望和能力。爱孩子是家长的共同点，但爱是要有尺度和原则的。一切都顺着孩子，孩子被爱坏了，惯坏了。等到孩子长大后，就会更加专横跋扈，甚至祸害无穷。这就是家长常常困扰的“孩子怎么越大越难教育了”的原因所在。在教育孩子中，态度要鲜明，不袒护、包庇孩子，引导孩子要有一种忍让的精神，争取做品德兼优的学生。

●家长自身的教育影响

首先，是家长的协同教育。作为孩子的第一教育人，家长对孩子的影响主要是通过两种渠道实现的：一是有声有色的言教，二是无声的身教。言教固然重要，但在一定意义上，身教的意义是关键的，重大的。一次身教胜过十次言教，家长的行为习惯会直接影响到孩子。因此，家长要加强自身的修养，让孩子看到一个鲜明的进取榜样，要求孩子做到的事情，家长首先做到而且要做的更好，这样才能产生良好的教育效果。

其次，家长要更新教育观念和方式。当今孩子身上所出现的许多问题，在很大程度上是由于家长教育观念和方式不当而导致的。因此，家长在施教过程中，要力图改变以往那种陈旧的教育观念和方式，尤其对于进入九年级而面临中考的孩子。首先，家长要有现代的教育观念，不可一味追求子女在成绩上的高度而忽视其他方面的教育和引导。另外，家长不能把孩子当成自己的私有财产来对待，孩子在人格角色方面和自己是平等的，要让孩子有自尊和自信。平等地对待孩子，孩子才能对家长敞开心扉，才会主动地接受家长的教育。再次，教育方式的改变方面，家长要注意培养孩子的自立能力和责任心。要改变那种“有求必有应”的全套的服务方式，不能事事包办，要分清“教”与“给”。古语云，“授之以鱼，仅供一饭之需；授之以渔，则终身受用无穷”。家长应当与孩子不断地进行互动，了解孩子的心理，也让孩子了解家长的想法。

●掌握事备功办的学习方法

九年级学生的学习已到了关键时刻，对于他们来说，培养一个良好的学习习惯至关重要。我们经常看到这样的现象，有些同学在平时的学习中看起来不是特别用功，考试时往往能拿到高分；我们也看到，有些同学时常埋头苦干，就连下课十分钟也不敢浪费，依旧继续学习，可是他们往往在考试中不能拿到高分。其实，这完全在于学习习惯和方法的问题。作为家长，我们应知道，孩子学习的重点不在于追求数量，而在于讲究效率。一个好的、科学的学习习惯和方法，能使他们既学得有效率，又学得轻松自在。如果我们的孩子不能掌握好的方法来学习，养成一些对学习不利的坏习惯，比如开夜车，或头脑里整天只想着学习的做法，不但不能提高学习的效率，还对他们的身心发展也会造成不利的影响。因此，我们做家长的，在教育孩子学习时，最重要的是让他们养成一个良好的学习习惯和适合有效地学习方法，这样一来，才能取得事半功倍的效果。

总之，在日常的家庭教育中，针对孩子的不良行为习惯，家长不能被孩子的缺点蒙住了眼睛，要善于发现他们的闪光点。明代教育家王阳明曾说过：“今教童子，必使其趋向鼓舞，中心喜悦，则其进自不能已。”所以，教育孩子要多肯定，多鼓励，多赏识，要以朋友的身份与孩子交谈，帮助他们发现问题，协商出解决问题的具体策略。

温馨提示

《弟子规》在总则中说道：“入则孝，出则悌，谨而信，泛爱众，而亲人，行有余力，则以学文”。魏书生也说：“教育就是帮助人养成良好习惯”。对孩子进行教育，帮助他们养成良好的行为习惯是教育的本质。

第十四章　九年级学生学习状况的认识及建议

子女来到这个世界是家长的选择而非子女自己的选择。而来到这个世界以后，恰如金庸小说里所说："怜我世人，忧患实多。"人生不如意的事情太多了，学生少年又有那么大的压力，所以，家长有责任创造条件使子女健康成长，而不是让子女完全成为实现家长愿望和要求的机器。

如果说初中三年的学习是一次中长跑的话，九年级无疑就是这次赛跑的冲刺阶段了。这个阶段的心理问题是值得我们家长认真研究的课题，控制和消除这些不良情绪和心理干扰是保证九年级学生顺利完成学业的重要保证。

学习中的几种类型

● 稳健进步型

三年来，他们的学习一直呈现进步状态，弱科逐渐转强，各科均衡发展，开始形成一套自己的学习方式，应试与应变能力日见提高，个人潜能得到充分发挥。目前学习目标明确，已进入"忘我"境界，不感到学习之苦，反觉得学习之乐。

● 原地停留型

这一类型学生成绩达到一定高度，暂时处于停滞状态，其中又可细分为两种：一种是学习比较刻苦，各科成绩都属中上状态，虽无薄弱科目，但亦无拔尖学科，总体成绩一直徘徊在一定水平，无法向上有效突破。另一种是学习比较刻苦，个别科目成绩优异，但有薄弱科目拖后腿，存在严重的偏科现象，导致总体成绩无法向上有效突破。

● 永不言弃型

每次语文短文默写、英语单词听写或各科考试的成绩都不理想，但他们依然为之用心准备；每节课的教学内容，他们都似懂非懂，但仍然用心做着笔记；他们用心捕捉自身的每一个细微进步，回家开心的向父母汇报。这一类型的学生，往往更令人感动，乃至尊重。事实上，这一类学生，在日后的事业与工作中，都将有相当的成就。

● 大器晚成型

这类孩子的共同特征是，头脑聪明，说得多而做的少，天生活泼好动，做事应付而不彻底，学习成绩往往处于中下游。针对这类孩子的特性，如果家长引导得法，教育得当，他们的学习会有所进步，成绩会有所提高。如果再辅之以巧妙的激励，孩子的前途不可限量，只不过是大器晚成罢了。

学习中的普遍问题

● 心理浮躁

这类学生学习成绩还不错，学习恒心却不足，情绪波动比较大，学习的态度随心情变动，常会显露出自以为是，浮躁的学习情绪，成绩起伏较大。成绩掉下来后，就更会自暴自弃，最终一落千丈。对待这类学生，一定要适时了解他们的心理动向，多做对话工作，发现问题应及时解决。

● 力不从心

这类学生对自己有较高的要求，已为自己确立了明确的目标，学习勤奋刻苦，但成绩总不理想。这类学生常为自己的成绩不能提高而苦恼不已。其一，智力因素相对一般；其二，对问题的反应能力、接受能力相对较弱；其三，对知识的综合运用能力，类推的能力有待提高；其四，没有找到适于自己的学习方法。

● 过度焦虑

学习焦虑是目前中学生最常见的一种心理状态。存在学习焦虑心理的学生占有很大比例。有些学生一进课堂就头疼、一拿起作业就紧张，更害怕考试。学习离不开紧张，适度紧张有助于学生考场发挥，但过分紧张就是焦虑了。这不仅影响了学生的学习，而且对健康也不利。学习对他们不是快乐的事，而是一种沉重的负担。

……

老师，我一直很努力地学习，但最苦恼的就是我的英语成绩。我的英语底子比较差，身边的亲朋好友都认为我学习好，可是以我目前的成绩，根本没有多大的希望，我认为英语是自己最大的绊脚石，我该怎么才能提高一些分数呢？万一我不能考上重点高中，又该如何面对我身边的亲朋好友呢？我现在真的快要崩溃了。老师，我该如何是好呢？

月光无言

◇学习焦虑心理的成因

过重的学习负担，外在的学习压力，社会舆论压力等，是形成学生焦虑心理的重要原因。学生对自己的学习要求过高、作业量太大、考试太频繁，没有按时完成作业或无法完成学习任务而成为学习负担，产生恐惧心理。如：每天放学时学生怕老师布置

作业，早上到校怕老师检查作业，学生见到作业和考试，就像兔子见到老虎一样恐惧不安，心理极度紧张。也有学生的焦虑表现为考试前的紧张、开学前的担心、作业检查前的不安等。凡此种种都是学习焦虑的表现。

◇学习焦虑心理的影响

学习焦虑是因学习而产生，又反过来影响学习的过程和成绩。有过分的学习焦虑心理的学生害怕学习，对学习有畏难情绪，对学习有厌烦心理而不愿意去学习，一旦遇到困难就会放弃。过分的紧张会影响学生正常水平的发挥，会不同程度引起学生的烦躁不安、心神不定、心慌头昏，甚至使学生一见书本、一进课堂就感到头痛心慌。据调查，有学习焦虑心理的学生大多数是学习中等生，他们一方面担心学习成绩不好而有强烈的学习愿望，另一方面在学习过程中又因焦虑心理而无法去克服困难，中等生因与优等生的差距而焦虑，担心学习成绩下降被人瞧不起产生急躁情绪。少数优等生也会因为成绩不领先而产生焦虑心理，导致他们在学习中对考分患得患失，忽视能力的培养，总担心如果考不好老师和同学怎么看，家长又会如何看，其结果是越急越学不好。

怎样做一个合格的九年级家长

● 稳定情绪，做一个理智的倾听者

学生日记

……

在母亲眼里，现在的我就是学习，并且只有学习，每次父母对我的关心只有在学习上，每次讨论的话题也只有学习，每次我出去一下，都要问我干什么去，凡是与学习有关

的都会同意，与学习无关的说什么也不同意。老是听着父母在耳边说学习学习，就算我对学习超感兴趣，也会被说得兴趣全无。

我也知道父母是为我好，因为学习好一切都好。我也知道他们以前没上过学，把以前的遗憾都放在了我身上，要我去完成，但，这样真的有点过了，我有点担不起了呀！我知道学习是重要的，但强迫性的学习，真的学不好。您对我的期望，我了解，但我也要有一点自己的空间，做自己想做、喜欢做的事情，我也有自己的业余爱好，也需要自己的空间。您每次让我呆在自己的房间看书，但您不知道，这只会让我的心更系在外面。学习重要，但并不是一味地看书，像木头一样，我认为只有对学习产生了兴趣，才能学得更好，并不是一味地灌输，这只会让我的学习积极性降低。

每次和父母在一起，会被父母骂，他们总是说："你什么时候能长大。"但是，在一些事情上拿主意时，您又会说："你还小。"一边希望我长大，一边又说我还小，我真的感到有些悲剧性，您根本不给我让您们了解我的机会。您真的知道我需要什么、到底想什么吗？您总是说，让我体谅一下大人的良苦用心。其实，我何尝不需要您的体谅呢！

九年级正值孩子青春期，易出现敏感、烦躁、任性等，"叛逆现象"一般出现在这个阶段。面对同学间的激烈竞争，面对老师、家长对自己升学的期望，无论他们学习程度高低，都会对自身的学习能力、学习方法、学习成绩产生疑问。因此，行为上就容易出现某些偏差，将父母当成发泄的对象。所以，孩子上了九年级后，家长会陡然感到孩子变了，感到十分困惑。面对这种变化，家长要稳定自己的情绪，不要因孩子的不良情绪而影响到整个家庭。孩子急，你不急；他（她）发牢骚，你就耐心倾听；他（她）生闷气，你就仔细观察。用理智克制自己急于评头品足的

欲望，在倾听和观察中尽快找到困扰孩子的症结。待孩子情绪平复后，有理有据地与之交流，尊重孩子的一些看法，共同探讨解决问题的方法，使孩子尽快走出心理波动期，愉快地进入下一个环节的学习。类似这样的沟通，不仅可以使孩子逐渐减少情绪的波动，也提升了应对困难的技巧和信心；在孩子最需要理解和抚慰的时候，家长的宽容和帮助会使孩子心存感激，奠定了以后两代人愉快沟通的基础。反之，遇到孩子不高兴，成绩下滑时，父母不分青红皂白地盲目指责，眼睛只盯着成绩，不给孩子倾诉感受的机会和独自反思的空间，只会加重孩子的逆反情绪和学习挫败感，甚至会由单纯对自身学习的不满转化为对家长的不满，以至与家长之间产生巨大的矛盾。

● 准确定位，做一个明智的点拨者

由于学生学习基础的不同以及学习能力的差异，到了九年级考查综合实力的时候，学生间产生比较大的差距总是难免的。面对日出而作、日落不息的孩子，有些家长往往心理失衡，觉得自己的孩子不应该比别人的孩子差。同事间、同学间盲目的攀比，往往也使家长和孩子不能给自己一个准确的定位，揠苗助长的现象时有发生。到了九年级上学期期末，家长就应该对孩子在班内和校内的学习成绩有一个准确定位。家长必须冷静面对孩子的成绩，并对孩子下一步升学目标有一个清醒的认识。定位后，家长除了真正从心理上接受现实，还要有针对性地对孩子目前的学习、行为、心理等进行点拨调整，帮助孩子以良好的心态扩大优势，缩小差距。比如学习中上等的学生，有的往往刻苦不足、难题钻研不精，对中考又盲目乐观。这就需要家长配合老师，及时了解孩子在校状态，为孩子敲敲警钟，给孩子指出问题，以督促为主，力所能及地帮助孩子加大对作业和复习的纠错力度，拓宽高难度题型的研讨思路，以求学得扎实有序。而学习成绩中下等的孩子，往往学习基础不牢、信心不足。这就需要家长帮助孩子克服畏难情绪，以鼓励为主，调整学习思路，以求综合成绩有所提高。

学生日记

九年级某班　余晶　2011年12月2日　星期四　小雪

天阴沉沉的，好像要压下来。

风，冷飕飕的，好像要将我束缚。

岁月无声，蓦然回首，我已是一名九年级的学生。我漫无目的地徘徊在回家的路上，呈现于脑海的是爸爸妈妈的斥责……

第一次月考成绩下来，妈妈拿着成绩单，像一只发怒的狮子，双眼直勾勾地盯着我的英语成绩。刹那间，重重的巴掌落在了我的身上，别看我很任性，但妈妈像我的克星。

我不明白，也不知道，为什么我的英语成绩总是上不去，我一直在尽心尽力地学，可每次都给我沉重的打击。更不明白，为什么妈妈每次都是斥责，我需要得到安慰，得到鼓励，可妈妈的话却让我感到心痛……

在人生的第一个转折点，孩子身上往往过多地背负着家长的期望。一旦孩子的学习成绩未能达到家长的期望值，很多父母的第一反应便是“迁怒”。他们往往不顾孩子的智力水平，不顾孩子的主观感受，把自己的意志强加给孩子。定位过高，使孩子在学校累，在家里烦，身心俱疲。所以，有些孩子的逆反心理、叛逆行为是家长的不明智之举逼出来的。事实上，任何一个学生，只要上了九年级这座桥，就没有不愿意一步一个脚印地走到终点的。这就意味着不管是什么水平的学生，都面临着严峻的中考，人人心里都有一个上紧了的发条。只要家长能够换位思考，时时给予鼓励和信任，他们就会“量力而行，尽力而为”，在中考中实现自身的价值。

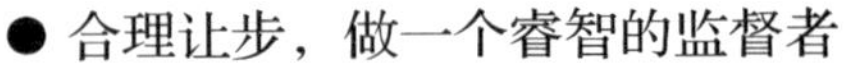

● 合理让步，做一个睿智的监督者

九年级学生的学习生活是紧张而忙碌的，而玩的诱惑也是

很强烈的，所以，家长要深刻领会劳逸结合的含义。学习固然重要，但适宜的玩耍以及交友对他们的学习生活是有益的。何况，青春期的孩子本来就是以适度的玩耍和交友来释放一部分情绪并获得人生体验的。如：有的孩子喜欢玩电脑，那就和孩子约定在周末完成功课后放一点时间尽情玩，换一下脑筋；有的孩子喜欢打篮球，那就让孩子玩一会儿，放松一下筋骨；有的孩子喜欢看电视，那就在固定的时间让他看上一段自己喜欢的节目……凡事要有度，这个度就是在孩子要求合理的情况下，家长与孩子交流之后，作出一些合理的让步。这样，既满足了孩子的某些愿望，又不至于使监督失控，还会使孩子觉得父母通情达理，从而拉近了双方的距离。

● 适时引导，做孩子人生的引路者

家长是孩子人生的引路者，在孩子成长的过程中，应适当加以指导，使孩子少走弯路，走好人生重要关口。要让孩子明白人生各阶段不同，生活的内容有所侧重，什么阶段做什么事情是明智的。九年级的孩子正值青春期，不能绕开的一个话题就是早恋。少男少女彼此有好感，甚至有一定的来往都是正常的，关键要看学生交往的意图以及家长处理这种事件的技巧。有的孩子学习不行，感觉到升学无望，就可能想找一个玩伴混下去；有的孩子由于家庭不和睦，精神没有寄托，就有可能找一个朋友，作为倾诉和获得心理安慰的对象；有的孩子则是由于欣赏彼此的优点而走到一起。这三种情况中，对第一种应该态度鲜明，果断采取较强硬的措施加以限制，对第二种则需要在打开其心结的基础上耐心抚慰，使其找到正确的发泄渠道，而第三种需要慎重对待，因为他们的出发点往往是好的。先定了性，再看孩子们的交往，家长就能适当作出一些让步，给孩子一定的交往空间，以利于九年级的学习生活。

● 尊重教师，做学校工作的支持者

为了您的孩子，家长要尊重、理解学校的教育方式，尽力配合学校、班级和教师做好教育学生的工作。这就要求无论何时，家长们都应密切配合教师的教学工作，维护老师的威信。这样，教师的教育才有效益和作用。同时，更要理解学校教育的严格和规范，特别是进入九年级，各门功课的学习任务都比较重，作业比较多，更需要家长的配合和支持，而不是跟着学生一起埋怨、指责，这样只能无济于事。任何时候，家长都应该和学校和老师站在同一面、同一立场上来教育孩子。当然，家长有什么好建议和要求，也应尽量和学校、任课教师联系和反映，无论碰到什么情况，我们大家共同面对和努力解决是最重要的。

● 做好后勤，做和谐家庭的建设者

进入九年级的这一年，家长要特别注意孩子的饮食和作息。人是铁，饭是钢，别让营养跟不上。家长保证学生吃饭和睡觉的同时，提醒孩子必须从饮食营养和作息习惯方面入手，改变精神过于紧张的状态。“强迫”孩子吃多种食物，主副食都要有，蔬菜、水果不能少。调整好生物钟，按时作息，不要“开夜车”，保证第二天有充沛的精力听课。作息表中一定得挤出时间安排体育锻炼。体育锻炼可以调节人的神经，舒缓其紧张情绪，是一种积极的休息。另外，家长要有意识地营造良好的家庭生活氛围，不要因其它外在因素触及孩子青春期相对敏感的神经。比如夫妻之间闹矛盾，不能让孩子感觉到家里面充满了火药味，大人的问题最好在孩子视线之外得到妥善解决，实在解决不了也最好延至中考后再公开。比如，家长工作忙，一方或双方晚上经常不回家或回家很晚，这都会让孩子感觉到一种亲情的缺失，正像有些孩子说的“爸爸妈妈都在家，我觉得心里踏实，学习起来也安心”。父母只要在家，孩子就会感觉到有家的味道，心里就有了安全感。

中考前家长必须做六件事

● 密切关注形势

孩子平时忙于各科学习，家长们要多看报纸和电视，多关注、了解最新的中考形势，并向学校和相关部门咨询中考政策及信息。此外，孩子学习时间紧张，没有太多时间看课外读物，家长平时读书看报时，还可帮孩子搜集作文素材。

● 目标应切合实际

家长要和孩子一起制订学习目标和计划。计划要切合孩子的实际情况，不能过高，也不能过低，而且要根据具体情况进行适时调整。

● 创造良好环境

家长晚上要尽量早回家，避免一些不必要的应酬，抽出时间多陪陪孩子，创造良好的学习环境，并帮助他们养成良好的学习习惯。

● 关注孩子情绪

在紧张的学习生活中，家长和孩子都容易急躁，家长要控制好自己的情绪，并帮助孩子解决心理问题。在选择学校等问题上，家长不要过分包办，可以替孩子搜集学校信息，给孩子提建议。

● 勿忘锻炼身体

有关专家认为，学生体质差，也会影响考试成绩。家长不要认为体育锻炼占用了孩子宝贵的学习时间，当运动中枢神经兴奋的时候，学习中枢神经可以得到充分地放松。因此，家长平时督促孩子要进行体育锻炼，保证每天足够的运动量。

● 做一个称职的后勤部长

在出谋划策之前，家长们首先要做的就是后勤保障工作。在最后的冲刺阶段，补养是必不可少的。只有好的营养才能保证好的身体，只有好的身体才能保证考试良好地发挥。家长给孩子准

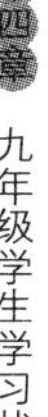

备食物要做到：食物多样化，除了谷类、肉类、蛋和奶，还要吃蔬菜和水果。

九年级阶段孩子比较辛苦，能量的消耗会比平时大，家长可适当给孩子加餐。白天的加餐一杯牛奶就行，晚上的加餐要看情况，如果临睡前加餐，要尽量少吃淀粉类的食物，以防肥胖。对考生有益的食物，家长也不能天天做，容易导致孩子厌食，相同的食品换样吃有利于增加食欲，营养也丰富。

附一：中考前三天食谱建议补脑食品

◇核桃：中国人向来认为核桃是补脑佳品，隋唐时参加科举考试的人就盛行吃核桃。核桃含有极丰富的亚油酸，可以帮助脑部血液畅通。

◇芝麻：在中医和道家气功中备受推崇，它不仅有提高脑髓神经的效能，还有畅通血液等功效。

◇黄豆：黄豆的重要成分是胆咸中的卵磷脂，即构成脑部记忆的物质和原料。

◇菠菜：含有一种十分重要的维生素：叶酸。

◇香蕉：可向大脑提供酪氨酸，使人精力充沛，注意力集中，精神稳定，创造力提高。

◇咖啡：咖啡因有助提神，刺激中枢神经的活动，令脑细胞变得活跃，提高思考力。

附二：医生推荐的中考小药箱

◇止咳药：急支糖浆、复方甘草片、川贝清肺糖浆、咳平等。

◇止泻药：易蒙停、思密达、泻利停等。

◇消化不良用药：多潘立酮（吗丁啉）、健胃消食片、复方消化酶胶囊等。

◇胃痛用药：胃康灵、胃乐宁等。

◇外伤用药：红药水、碘酒、纱布、创可贴等。

◇防暑提神药：藿香正气水、十滴水、人丹、风油精、清凉油等。

温馨提示

在孩子初中最后一年的成长过程中，只要我们家长能够用心观察、定位分析，从而引导他们富有实效、顺利圆满地完成这至关重要的一年的学习与生活，为进入高一级学校的学习奠定一个良好的基础非常关键。

第十五章　掌握方法，迎战中考

喜马拉雅山是世界著名的高山，因为它是建立在喜马拉雅山之上，盘基广大高原之上的一个高峰；假如把喜马拉雅山建立在海平原上，八千公尺的高峰是难以存在的，犹如无源之水易于枯竭的。

——徐特立（现代教育家、革命家）

九年级，是初中阶段学习关键的一年，学习得法，将有助于以后的升学。中考是一门综合性的考试，各科都要有较好的成绩，掌握好各科的学习方法，则会达到事半功倍的效果。

语文备考策略

中考语文学业考试的内容一般包括：识字与写字、阅读、口语交际和综合性学习、写作五个方面。

一、识字与写字。识字方面，一般考查学生对常用字的字形、字音、字义的掌握情况，因此必须牢固掌握课本中每篇课文课下注释和课后词语积累中的重点字词的形、音、义，并能够熟练运用。写字方面，考查学生书写的正确、规范、整洁。因此，家长平时应注意让孩子养成良好的书写答题习惯。

二、阅读。现代文阅读材料选用课外文质兼美且符合学生实

际的文本。主要考查学生的文意把握、要点概括、词句理解、内容探究、作品感受等阅读能力。家长平时注意引导孩子阅读文本时应精读并勾画文中重点词语和句子，理清作者的行文思路，学会归纳文章主旨。

文言文阅读重点考查学生理解浅显文言文的能力。考点为文言实词的理解、文言虚词的用法、文意把握、要点概括、人物评价、作者情感。因此要准确理解课内每篇文言文的意思，牢记文中重点文言实词和文言虚词的意义和用法；对一词多义、古今异义、词类活用、通假字、特殊句式等进行整理、归类并牢记；翻译要做到信、达、雅。

三、口语交际方面考查学生在具体交际情境中倾听、表达、应对的能力。学生平时应读懂情景内容，明确交际对象；熟练掌握劝告、邀请、介绍、致辞、演讲、安慰等的写法；表述做到：礼貌称呼，联系情景，语句通顺，言之成理。

四、综合性学习。考查学生的探究精神、创新意识和综合运用能力。主要体现为语文知识和能力的综合运用、语文课程与其他课程的沟通、书本学习与实践活动的紧密结合。阅读时要紧扣主题；熟练掌握选题、调查问题、标语、提示语、活动等的拟法；对于统计图、表或材料，要善于抓主要点来分析、概括、归纳，语言要简洁。

五、写作。写作重在考查学生规范、熟练地运用语言文字叙述、状物、抒情、议论的能力。要求能写记叙文、说明文、议论文和日常应用文。不管是概述型材料，还是故事型材料，一定要在读懂内容的基础上，勾画材料中的关键句和关键词，提炼材料的主旨。并以此为依据确定你的文章主旨，文章主旨要与材料的主旨保持一致。对于“命题”式材料作文，在写作时千万不要改动题目。对于“文题自拟”式材料作文，拟的题目一定要与材料有相关性。

一、抓好基础。数学习题无非就是数学概念和数学思想的组合应用，弄清数学基本概念、基本定理、基本方法是判断题目类型、知识范围的前提，是正确把握解题方法的依据。只有概念清楚，方法全面，遇到题目时，就能很快的得到解题方法，或者面对一个新的习题，就能联想到我们平时做过的习题的方法，达到迅速解答。弄清基本定理是正确、快速解答习题的前提条件。对基本定理熟悉和灵活掌握能使习题解答条理清楚、逻辑推理严密。反之，会使解题速度放慢，逻辑混乱、叙述不清。因此，家长应注意让孩子多看课本；在做练习时，遇到概念题，要对概念的内涵和外延进行再认识，注意从不同的侧面去认识、理解概念；归纳全面的解题方法，积累一定的典型习题，以保证解题方法的完整性；认真做好同步课堂的练习题，采用循环交替、螺旋式推进的方法，克服对基本知识基本方法的遗忘现象。

二、制定好计划和奋斗目标。复习数学时，要制定好计划，不但要有本学期大的规划，还要有每月、每周、每天的小计划，计划要与老师的复习计划吻合，不能相互冲突，如按照老师的复习进度，今天复习到什么知识点，就应该在今天之内掌握该知识点，加深对该知识点的理解，研究该知识点考查的不同侧面、不同角度。在每天的复习计划里，要留有一定的时间看课本，看笔记，回顾过去知识点，思考老师当天讲了什么知识，归纳当天所学的知识。可以说，每天的习题可以少做，但这些归纳、反思、回顾是必不可少的。

三、严防题海战术，克服盲目做题而不注重归纳的现象。做习题是为了巩固知识、提高应变能力、思维能力、计算能力。学数学要做一定量的习题，但学数学并不等于做题，在各种考试题中，有相当的习题是靠简单的知识点的堆积，利用公理化知识体系的演绎就能解决的，这些习题是要通过做一定量的习题达到对

解题方法的展移而实现的。因此要精做习题，注意知识的理解和灵活应用。只有这样，才会培养自己的悟性与创造性，开发其创造力。

四、归纳数学大思维、大策略。数学学习，其主要目的是为了培养孩子的创造性，培养孩子处理事情、解决问题的能力。因此，对处理数学问题时的大策略、大思维的掌握显得特别重要，在平时的学习时应注重归纳它。在平时听课时，应该注意听老师对该题目的分析和归纳，而不要只沉静在老师讲解的每一步计算、每一步推证过程。这样听课虽是认真，但费力，听完后是满脑子的计算过程，支离破碎。因为老师的分析是引导学生思考，启发学生自己设计出处理这些问题的大策略、大思维。当教师解答习题时，学生要用自己的计算和推理已经知道老师要干什么。另外，当题目的答案给出时，并不代表问题的解答完毕，还要花一定的时间认真总结、归纳、理解、记忆。要把这些解题策略全部纳入自己的脑海，成为永久地记忆，变为自己解决这一类型问题的经验和技能。

五、打好最后复习阶段这一仗，促成数学学习的飞跃。最后阶段的复习是专题讲座，老师将重点知识、重点解题方法。这一阶段的复习，要相信老师，淡化各种复习资料，认真、保质保量地完成老师布置的强化训练题，集中精力，突破试题中的常考知识点。

英语备考策略

面对紧张中考的来临，我们一定要寻找一个能事半而功倍的方法。建议九年级的学生应注意以下几点：

一、收集做过的试题，把所有错题抄在一个改题本上，用红色笔写上正确答案，并在错题旁边写一、两句说明错题原因，让自己加深印象，不要再犯类似的错误。如果还是没有明白，要及时间老师。

二、要加强阅读训练和听力训练。孩子现在有时间，但要告诉他千万别浪费，每天坚持阅读，练听力。

三、要每天利用至少半个小时的时间，大声的朗读和背诵所学过的课文、对话、单词，通过朗读和背诵达到听、说训练；答题的时候有语感；以初中英语教材第三册为重点。

四、可以做一些综合练习来判断哪方面还有漏洞，并加以总结。

物理备考策略

一、选择题：其特点是概念性强、针对性强，具有一定的迷惑性。主要考查学生的判断能力和比较能力。应答的主要方式有：直接判断法——利用概念、规律和事实直接看准哪一选项是完全肯定的，将唯一的正确答案选出；排除法——如果不能完全肯定某一选项正确，也可以肯定哪些选项一定不正确，先把它们排除掉，在余下的选项中做认真地分析与比较，最后确定一个选项。（单项选择题一定不要缺答）

二、多项选择题：选项中有一个或几个选项是正确的，但不能肯定其他选项一定就是错误的，采用的方法主要是直接判断，对犹豫不定的结论不要强行选择，以免影响得分。

三、填空题：不要求书写思考过程或计算过程，但需要有较高的判断能力和准确的计算能力。对概念性的问题回答要确切、简练；对计算性的问题回答要准确，包括数字的位数、单位、正负号等，对比例性的计算千万不要前后颠倒。

四、作图题：主要考查学生作图技能和应用方法解决问题的能力。作图题中，一类是定性的，另一类是定量的。对定性的作图也要认真些，如画光路图、力的图示中的箭头等要用直尺，不要太潦草；对定量性的作图一定要准确，如力的图示法解题、透

镜中焦点的确定等。

五、实验题：学会实验仪器和测量工具的使用；对做过的验证性实验和测量性实验，包括实验目的、实验原理、实验器材、实验步骤、实验数据及数据处理、误差分析等能准确掌握；多注意老师在课堂上做过的演示实验或画在课本上的实验。为了能答好实验题，必须在没有实际仪器的情况下把各种实验和要求牢记在心，应答时严格按题中要求来作答。

化学备考策略

一、越是眼熟题越要留心。答题时选择题勿空，因为选择题不能考查思维过程，允许有猜测的成分，故再难的题也应在选项中比较后选择可能的一项，不能空着不涂；分步拿分，大题中拿小分，难题中拿易得的分，计算题拿化学方程式书写的分；一题多问的题目，对于各问没有相关性的，即使前面有不会答的，并不影响后面的问题，仍要有信心做下去；在想不出新的答案时，勿将原答案划去，说不定还是对的；在书写仪器、元素、物质等的名称时避免出现错别字；填空题看清填写要求，答题形式与题意一致；学会从每题的分值判断填写内容（一般填空题每空1分，书写化学方程式或简答题各2分；如选择填空题为2分，则可能为多选；如某个问题占2分，则应以简答方式叙述清楚）。

防止无谓失分的关键是避免思维定势。越是眼熟题越要留心，权当从来没做过，逐句审题，抓住题中关键词。

二、关注细节，用概念衡量答案。如表示溶解度时要指明温度，数据单位为“g”；而相对原子质量、相对分子质量不带单位。表示元素或物质质量比要用“：”连接；而凡求质量分数，计算式中要乘以“100%”，结果用百分数形式表示。

三、注重情境，围绕核心问题。做情境类试题时，不仅要考虑答案是否符合化学原理，还要考虑是否符合生活、生产实际。

例如在铁制品表面涂油可起到防止铁生锈的目的，但铁质的衣架不能用涂油的方法防锈。再如铁衣柜、汽车涂油漆不只为了防锈，还为了美观。审题时要明确试题的设计意图，找出答题的方向，围绕问题的核心组织答案。如实验设计题、实验探究题，甚至是综合计算题都涉及到实验目的或探究目的，你所做的一切都要为实验目的或探究目的服务，别偏离核心。开放性试题的答案是不唯一的，答题时应尽可能选择最贴切的回答，以最常见的方式作答不易失分。能用具体物质作答的要用具体物质，这样表达更准确。应尽可能写出自己最有把握，没有争议，能得到大家认可的答案，不给别人扣分的机会。

四、按逻辑顺序分析，从“已知”到“未知”。分析思考要有逻辑顺序，可以是时间顺序，可以是空间顺序，如实验现象有几点，可以按从左到右、从上到下的空间顺序去寻找，也可以按反应前、反应中、反应后的时间顺序来思考。有些开放题没有思路，大脑一片空白时，可以按章节逐一搜索。

五、注意书写表达的问题。首先要看清试题对表达方式的要求，是用化学用语回答，还是文字或者图形；回答问题要直接，不要转弯抹角，回答问题要精炼，不要重复叙述，同时也要避免答非所问，如把碱的俗称写成了化学式，用化学方程式说明原因写成了文字叙述，要求画出发生装置，结果画成了制和取的装置；语言表述要完整，缺少主语或前提会导致不知所云或不严谨，还要有逻辑性，要体现出因果关系，回答要环环相扣；书写时注意不要写错别字，每年中考常有不少考生因写错别字、书写潦草致使阅卷老师辨别不清而被扣分，如“石蕊”写成“石芯”、“饱和”写成“饱合”、“长颈漏斗”写成“长劲漏斗”、“涤纶”写成“涤伦”等，写错了一定要划清楚，改清楚；不要把化学用语、计量单位写错，如元素符号忘记了大小写的原则，化学方程式忘记配平，状态符号漏标注，反应条件未写清等，在化学计算中，有时单位不统一就代入计算，导致答案错

误而失分，或者把“t”写成“g”，或者不标注单位等。

思想品德备考策略

一、课前预习，课中领悟，课后反思。在学习新课之前，首先把新课的内容认真、仔细地阅读一遍，通过阅读、分析、思考，了解教材的知识体系，重点、难点、范围和要求，把教材中自己不懂的疑难问题作好标记——带着预习中产生的疑难问题听课，能使听课的重点更加突出。课堂上，当老师讲到自己预习时的不懂之处时，要格外认真地听，力求当堂弄懂。这样不仅能掌握教材知识的重点，突破难点，而且能有效地学习老师分析问题、解决问题的思路和方法，进一步提高自己的学习能力。课后静心反思，查漏补缺，不能仅仅满足于跟着老师循序渐进地学习新课，要善于联系以前学过的内容，学会知识的迁移，学会归纳总结。

二、重视目录，学会编目录。目录是一本书的纲，是内容的高度浓缩，是内容中精华的精华，最简洁也最醒目。在思想品德考试中，一些考题的答案通过翻阅目录就可以找到。

三、重视课文导言，学会运用导言。教材的每课下面都有一段或长或短的“说明提示”，简要地叙述本课的内容要点、学习的意义或达到什么样的目的以及青少年学生应怎么做等问题。这些提示贴近学生生活实际，关注学生发展，重视价值引导，注重践行，恰好与中考的命题导向不谋而合。有时候，一些考题的答案就潜藏在课题下的“说明提示”中，学习中要认真阅读，用心领会。

四、关注热点，在实践中学以致用。所谓社会热点问题，就是那些影响社会全局，广大群众十分关注，党和政府致力解决的问题，包括年度或阶段党和国家的大政方针、公众普遍关注的重大社会问题、乡土热点、学生生活热点等。背景材料热点化是各地中考思想品德的一大特点。关注时政社会热点，家长在平时引导孩子多看报、多看电视新闻、多参加社会实践活动。在阅读与活动中，多分析、多思考，找出与教材知识的结合点。同时面对材料，试着多角度设问、多角度解答，使自己的分析问题解决问题的能力在实践与训练中不断增强。

五、学会构建知识体系。虽然思想品德新课程在知识体系方面有所淡化，但各地中考思想品德学科要求学生掌握的知识点范围较广、内容较多，且各地在非选择题的设计上综合性较强，要求学生尝试用不同的知识分析、解决问题。因此在学习过程中，学完一个阶段后，我们应该有意识地对课、单元、整本书或不同年级的知识进行有效梳理，找出知识的内在联系，使基础知识系统化、条理化、要点化。

六、加强记忆，重视知识的积累。中考试题虽高于教材，但源于教材，因而必须把握教材。只有注重记忆教材知识、积累知识，我们在分析问题、解决问题、归纳答案时，才会有源源不断的知识供选择使用。如果大脑之中一片空白，要想提高分析归纳是不可能的。试题内容综合性强、跨度大，这要求在记忆的同时，要抓住知识的联系与区别，构建知识网络，这样才能在中考中取得好成绩。

七、学会创新答案。鼓励学生的创新与实践，也是中考思想品德考试命题的原则之一。这类试题答案不唯一，具有开放性，教材和有关资料中没有现成的答案，需要学生开动脑筋在结合教材相关知识点的基础上或直接运用个人在日常生活中的观察、认识和积累的经验发去挥、创新。如分析先进人物身上体现什么精神和品质，可以与教材中“民族精神”的有关内容结合一起；如谈谈“我们生活的变化”“新农村建设中还存在哪些不和谐现象”“结合实际，就节约资源问题提合理化建议”等，则需要结合个人的观察、发现和经验去解答了。

历史、地理、生物备考策略

一、历史——注重理解和运用

正确认识开卷考试。实行开卷考试的目的是要避免过去长期存在的单纯考查历史人物、事件、时间等知识点死记硬背的现象，切实提高学生综合分析的能力，体现学生关注社会，关注生活，古为今用，洋为中用的特点，以能力考核为重点。

掌握科学复习方法。首先要学会看书，学会融会贯通地阅读教材很重要。要详读课文，包括导言、正文、小字及书中的材料（图片、图表、引文等）注释、书后的材料、书后的大事年表等。读书时，了解每课有几个要点，再将要点形成知识网络，从而能够全面准确地掌握这段历史知识。其次要学会归纳，理清线索。

联系社会关注热点。重视历史与现实的结合，重视历史的史鉴作用，把握时代脉搏，走向

二、地理——训练读图用图能力

理清脉络，重视知识结构的梳理。地理中考面临四本书的复习，很多知识在课本中分布较为分散，学生在复习时应该首先把握课本的整体脉络，以图表的形式理出知识结构框架，构建复习的整体概念。

夯实基础，重视基本知识点的掌握。从2008年中考题型上的改变突显出基础知识的重要性。所以我们在复习时对书上重要的基础知识最好进行单独的整理，以便复习。同时对知识点要加以分类，对于重要的地理事物及空间分布状况如一些重要的地名、数据应当牢固记忆，并能落实到图上。

加强读图、用图能力方面的训练。地图是地理的灵魂。复习中要重视读图能力的训练，尤其是一些重要的基本地图如中国行政区划、中国地形大势等一定要牢固掌握。读图的同时还要把基本知识点与图形有机地结合，提高从地图、材料和图表中提取有

用信息的能力。

结合中考指导，查漏补缺。参照中考指导对考点内容和要求做全面、大致地了解，同时查漏补缺，把在七、八年级未掌握好的知识盲点消灭。对于各个考点的要求、掌握尺度要了解清楚，这样在复习时做到心中有数。

三、生物——循序渐进化整为零

调整心态，掌握学法。良好的心态、恰当的学法是取得复习成效的保证。恰当的学法是指循序渐进、化整为零，把握课堂45分钟、坚持课后的及时复习，课后收到每复习一部分就能消化、巩固一部分的效果。

过好知识点关。在进行第一轮复习时，同学们要认真研究新课标、课本，以及生物中考指导书编写知识点，熟悉这些知识点，并一个一个地默写、过关。过好了知识点的关就是夯实了基础，就是为第二轮复习的顺利进行做好了铺垫。

重视读图表能力的培养，简化学习，学活知识。生物课本上有不少图表，而一张图表能容纳很多知识，比如：果实和种子的发育示意图中既有花的各部分结构，又有果实、种子的结构，还体现出花和果实、种子之间的关系。图片比文字知识更形象、更容易理解，同学们学会了读图，不但能简化学习，还能学活知识，何乐而不为呢？况且生物考试通常会出现读图表的内容，会读图表也是一种必备的学习能力。

关注与社会问题相关的生物知识，将书本知识与实际联系起来。随着社会的发展、科技的进步，人们越来越关注生活的质量，而生物知识与社会问题、生活实际密切相关。比如：艾滋病、传染病的相关知识与科学预防，现代生物技术的运用等。

学会对中考试卷进行个性化分析

在九年级半期考试后如何才能有效查漏补缺？同学们有必要

对半期试卷中的每一道题认真分析，对做错的题更要引起重视，重视三种题型分门别类对症下药。

一是各学科的客观性试题（选择、判断、填空等），这类题都是各学科必须掌握的双基（基础知识和基本技能），在整套试卷中所占比例一般为60%~70%，主要考察学生学习的踏实、认真程度。对这部分出错的题，主要是加深理解、加强记忆，把功夫下足即可。

第二类题有一定难度，在整套试卷中所占比例一般为20%~30%。如数、理、化、地、生的计算、运算题，语文、英语的阅读分析题。主要考察学生对所学的定理、定义、公式等的理解和运用能力，考察语文、英语的语感和语言运用能力，考察政治、历史的基本观点、原理、事理的分析、理解和运用能力。这类题目要求学生对计算、运算题的方法、步骤，定理、定义、公式等正确理解运用，从答题方法和技巧等方面进行思考。

第三类题为难题，这类题在整套试卷中所占比例一般为10%~20%，难度系数一般为0.4。比如数学、理化等试卷中的证明题、应用题，语文、英语等试卷中的阅读分析，文学作品赏析。这类题目主要考察学生的智力、思维水平和综合运用学科知识的能力。对第三类题，可在老师的指导或同学的帮助下，把不懂和不会做的问题弄懂。平时可多留心同类型试题的演练，加强思维和方法训练，注意学科知识的融会贯通，多接触，多思考，适当加大训练量。

附一：应试须知

调整生物钟，提前进角色

科学研究表明，每个人一天二十四小时中大脑的兴奋期和抑制期是呈波浪形的，即一段时间的兴奋期之后，必然是相对的抑制期。显然，如果中考时间在我们大脑的兴奋期，那是再好不过的，反之，考试时间正好处在我们大脑的抑制期，那就糟糕了。事实上，平时我们同学中有不少这种现象，夜越深，大脑越兴奋（即处于兴奋期），第二天上午头脑昏昏沉，即大脑处于抑制期，这种情况，显然不利于中考。因此，我们在中考前几天就应调整好作息时间，晚上九点半睡，第二天早上六点左右起床，中午十二点到一点左右睡上一觉，如此调节生物钟，让我们大脑的兴奋期与中考时间同步，这样，我们就等于提前进入了角色，有利于考试时水平的正常发挥。另外，考试那天，一般应提前半小时进考点。一方面可消除新异刺激，稳定情绪，从容进入考场；另一方面可以使自己的大脑提前开始简单的该考试科目的学科活动。如那个半天将考数学，我们的大脑就可提前开始简单的活动，进入单一的“数学”情境，如把些基本公式、定理在脑子里回顾一下，或最后看一眼易忘记或记错的公式定理。

消除焦虑、精中精力

考试时一旦怯场，则会面对试题头脑空空，平时熟悉的公式、定理也无法回忆起来，注意力也不能集中，等到心情平静下来，已浪费了许多时间，看到许多未作的题目，则会再次紧张，形成恶性循环，这时要迅速进行心理调节，使自己快速进入正常应考状态，可采用以下方法调节焦虑情绪。

自我暗示法。用平时自己考试中曾有优异成绩暗示自己我是考生中的佼佼者，我一定能考得理想的成绩，我有困难的题目，但别人不会做的题目也很多。

决战决胜法。视考场为考试的大敌，用过去因怯场而失败的教训鞭策自己决战决胜。

不忙答题，先摸卷情

拿到试卷后，在规定的地方写好姓名和准考证号后，先对试卷进行整体感知，看看这份试卷共多少页，总题量是多少，分哪几部分，有哪几种题型。这样有两个好处，一个是要防止试卷错误，尽早调换，避免不必要的损失；二是可对全卷作整体把握，以便尽早定下作战方案。对全卷作整体感知后，找出一两题一望便知结论或一看就知道肯定容易解答的题目，看着这些题目，自己的情绪便会尽快地稳定下来，紧张情绪也就消除了。

两先两后，合理安排

试卷的难易、生熟占分高低大体心中有数了，情绪也稳定了，此时大脑里的思维状态由启动阶段进入亢奋阶段。只要听到铃声一响就可开始答题了。解题应注意两先两后的安排。

先易后难。一般来说，一份成功的试卷，它上面的题目的排列应是由易到难的，但这是命题者的主观愿望，具体情况却因人而异。同样一个题目，对他人来说是难的，对你来说也许是容易的，所以我们千万别教条，被一个题目卡住时就产生这样的念头，“这个题目做不出，下面的题目更别提了。”事实情况往往是：下面一个题目反而容易！由此，不可拘泥于从前往后的顺序，根据情况可以先绕开那些难攻的堡垒，等容易题解答完，再集中火力攻克之。先易后难的另一个科学依据是，先解决了几个容易题，美美地拿上好几分甚至好几十分后，自己马上有旗开得胜的感觉，产生初尝胜利的快感，对稳定情绪、刺激大脑兴奋使人进入最佳竞技状态都有好处。

先熟后生。通览全卷后，应试者会看到较多的驾轻就熟的题目，也可能看到一些生题或新型题，对前者——熟悉的“果子”应先摘。特别要清醒的是：根据往年中考的情况，题目总的来说是较容易的，这时切不可忘乎所以。万一哪一科题目偏难，我们也不要惊慌失措，而要冷静思考，变生为熟，想一想能不能把所谓的生题化解为若干个熟悉的小问题，或转化为熟悉的题型。总之要记住一句名言：“我易人易，我不大意；我难人难，我不畏难。

立足一次成功，重视复查环节

答题过程中，尽量立足于一次成功，不出差错。但百密不免一疏。根据以往几届的考试情况，各门考试时间还是充裕的，我们切不可匆忙交卷，而应作耐心的复查。解题时间比较紧张，因此要立足于一次做对，将模棱两可的及未做的题目最后要进行检查、作答，特别是填空题、选择题不要留空白。

附二：致九年级学生的一封信

亲爱的九年级的同学们：

闲云潭影日悠悠，物换星移几时休。年华在指间溜走，岁月在不觉间飘逝。十六七岁是人的一生中最美好、最宝贵的时间，在这花季雨季般的年龄里，我们步入了九年级。在未来365个日日夜夜里，紧张而忙碌，拼搏与付出，失败与成功，汗水与泪水相伴，辛酸与快乐同在，那段时光一定会成为我们最难忘的时光，一定会成为永恒！

今天看到你们即将离开这所生活和学习三年的校园，我脑海中浮现出的是过去与你们交往的点点滴滴，不由自主地有许多心理话想要与你们倾诉。

同学们，正如你所希望的那样，我多想成为你的好老师。以良好的专业素质引领你，以高超的教学技艺吸引你，

以高尚的人格魅力感染你，以耐心和爱心教育你。可是我是吗？当我课外到处收集资料，精心备课的时候，我是；当我手捧“优秀老师”荣誉证书的时候，我是；当我得到同事、领导的赞赏时，我是。每当走进课堂我才发现：我精心设计的课堂没能激起你思维的火花？课堂上没有交流和碰撞，我多想能与你的思想共鸣，我甚至希望你们能够向我的专业发起挑战，可是我遭遇的却是你事不关己，高高挂起的神态，是你的无奈，你的沉默，让我生气了，让我茫然了。我的心在隐隐作痛，我的耐心受到了极大的考验，我离好教师的标准越来越远了，我除了修炼自己，我别无他法。原来，好老师最应该得到的是学生的认可。

同学们，当我在深刻反思自己的时候，你也在反思自己吗？我是好学生吗？我做到了学生应该做的吗？我积极主动地学习了吗？老师的指责、批评可有道理？当老师一次次容忍你，开导你，原谅你时，你可理解老师的用心，这是老师在给你机会，使你能够通过自我反省发现自己的问题，改正自己的错误。你却变本加厉，你以为这是老师的无能，你甚至还在暗自得意。看到你的无知，我除了为你心痛，指责还有什么意义呢？

过去，或许你因为骄傲懈怠了自己，成绩有些不如意。那么，从现在开始，坚持每一天自戒自省，认真对待每一次考试，认真解决好每一道难题，聚沙成塔，积水穿石，中考的考场上，你一定会重现英姿，圆心中理想之梦。

或许你因为疏懒放纵了自己，家长老师不太满意。那么，从现在开始，严格自律，奋起直追，抓住最后的时机，分秒必争，刻苦学习，向最优秀的同学看齐，与最优秀的同学竞争，和每一位老师默契配合，愈战愈勇，再接再厉，可以肯定地说，中考的考场上，你就是傲视群雄的黑马，一飞冲天的雄鹰！！

或许你因为自卑而看轻了自己，总认为前途布满了荆棘。其实，荆棘是你想象的路障，其实，每朵花都有开放的权利。想一想，天生我才必有用，坚持再坚持，决不放弃，从现在开始，一切都还来得及。因此，你要增强自信，提高效率，天行尚健，君子自强，涓滴之水，汇成江河。中考的考场上，你照样会吐露扑鼻的芬芳！！！

所以，不要说，我脑子笨，比不上别人，学也不行；不要说，我基础差，成绩总上不去，放弃算了；不要说，学习多累呀，玩一年算了。不要，千万不要！这不是初三学生所应有的态度，你们朝气蓬勃，充满希望，现在正是你们把握时机，努力学习的黄金时间，面对困难，我们不应放弃。不服输，不低头，不因初三的苦累而懦弱不前，这才是我们应该具备的品格。学习中失败与成功并存，今天的失败是明天成功的动力，更何况现在谁成谁败还不一定，初三一年有很多事是可以改变的，但不变的是你的勤奋与努力。要记住：笑到最后才是笑得最美的！把最美的笑留到最后那一刻吧！

温馨提示

经验丰富的人读书用两只眼睛，一只眼睛看到纸上面的话，另一只眼睛看到纸的背面。

——歌德

第十六章　未来道路我选择

——关于升学和就业

“以服务为宗旨，以就业为导向，走产、学、研相结合的改革发展之路，培养数以千万计的高技能专门人才，为全面建设小康社会和中华民族伟大复兴服务。”

——周济（原教育部部长）

作家柳青曾经说过：“人生的道路虽然漫长，但紧要处往往只有几步。”初中毕业是人生第一个转折点，它往往决定一个人的一生。在当前升学竞争锁链中，中考甚至比高考竞争更为激烈，更为残酷。

填报志愿应遵循原则

初中毕业生的升学与择业之路有三条。第一条：升入高中类学校，高中一般分重点高中和普通高中。第二条：升入中专、技校、职高中等职业类学校。第三条，不再升学，走向社会。无论你选择哪一条路，都将面临着自己的“终身大事”，即面临对未来职业岗位和职业生涯作出抉择的人生重大课题。为此作为家长应帮助孩子自主、理智地填报好志愿。填报志愿不能随心所欲，而应遵循一定的原则。

● 因人而异原则

所谓因人而异，就是按照每个人的实际情况，即通过对自己的学业成绩、能力、兴趣、个性、习惯等各项素质及今后发展潜力等综合考虑后，选择填报符合自身特点的学校与专业。孩子在填报志愿时应立足现在，放眼未来，因人而异，找到适合他们自己的位置，找到属于他们自己的一片绿洲、一片天空，而不应盲目地人云亦云，盲目地顺从“普高热”，更不应该有轻视乃至鄙视技校、职高的不良倾向。家长要帮助孩子注重自我分析，根据其自身特点做出明智选择。

如果你的孩子属于有潜力者，就不要放弃报考重点学校和高一级学校的机会。作为华夏子女为中华腾飞而读书，争取进入重点高中，将意味着有可能进入名牌大学或重点大学，也意味着在双向选择中他们有比别人更多的优势而选择更为理想的职业。有些地方的重点高中有正常录取与自费两种，而你的孩子或许在中考时由于种种原因失利，成绩只在自费分数线内，如果未填报自费，只能录取在普通高中，可能会遗憾一辈子。

如果你的孩子属于有一定潜力者，成绩处于重点高中与普通高中之间者应慎重抉择。如果你的孩子学习兴趣浓厚，学习习惯良好，学习毅力强，有发奋学习精神，这类学生应选择重点高中；反之有些学生潜力不大自尊心却很强，意志很脆弱，一旦在重高沦落为“后进生”，可能会丧失自尊心和学习积极性，甚至一蹶不振。与其如此，倒不如让他们在普高做个“尖子生”，这样更容易激发起自信心，学习更有动力。

学习潜力不大且缺乏刻苦奋进精神的孩子，则应放弃普高志愿。有些学生在初中已经学的很累，本人已再无兴趣读高中，作为家长不必为子女千方百计找关系，走后门，硬把子女送进重高或普高，而应该为子女设计一条符合子女自身特点和意愿的升学之路，如选择中专、技校和中职，让他们快速走上就业之路，也不失为明智之举。

● 知己知彼原则

所谓知己，就是孩子要自己了解自己，知彼就是了解学校与专业，了解社会需要。这一原则对报考中职的学生尤为重要。家长、学生只有冷静分析、知己知彼，才能在选择学校与专业中多一份理解，少一份盲目。

知己首先要了解自己的学业成绩、学习兴趣、职业能力、职业习惯、职业个性、身体状况、心理特征等等。其中职业能力和兴趣最为重要，它将决定孩子今后能否顺利地完成学业和胜任工作。

职业能力是人们从事某种职业的多种能力的综合。例如：一位教师只具有语言表达能力是不够的，还必须具有对教学的组织和管理能力，对教材的理解和使用能力，对教学问题和教学效果的分析、判断能力等。

如果说职业兴趣或许能决定一个人的择业方向，以及在该方面所乐于付出努力的程度，那么职业能力则能说明一个人在既定的职业方面是否能够胜任，也能说明一个人在该职业中取得成功的可能性。

美国著名的职业指导专家约翰·霍兰德将职业类型分成六项，并分别整理出各项类型的兴趣倾向，见下表职业类型介绍：

类型名称	兴趣表现	喜欢/或适合的工作
实际型	少说多做，喜欢从事需要劳力或体力的活动；讲求实际，现实重于想象，而且也喜欢使用工具来做事情，而这些事情最后是具体的	机械、电子、土木、建筑、农业等相关工作
研究型	喜欢研究分析或推理的活动，而且也很喜欢独立思考或调查的活动，依自己步调解决问题	生物、化学、医药、数学、天文等相关工作
艺术型	喜欢有创意的、可以按照自己步调的、艺术性的及有关审美的活动，希望藉文字、声音或色彩表达，喜欢无拘无束	音乐、写作、绘画、设计、舞蹈等相关工作

社会型	关心自己和别人的感受，喜欢从事社交的、助人的及教导别人的活动	教师、辅导、医护、社工等相关工作
企业型	希望拥有权利去改善环境，善用说服力、组织力，喜欢从事有冒险性的、挑战性的说服他人的及领导别人的活动	管理、销售、司法、从政等相关工作
事务型	喜欢从事有规律的、有条理的、事物性质的及可以按部就班的活动	银行、金融、会计、秘书等相关工作

当知道自己的兴趣所在，按照自己的兴趣、根据自己的专长和能力来选择课程学习，便能乐于学习了；若将来能进一步按兴趣、专长来选工作，便能乐于工作了。在了解自己的基础上悦纳自己，能对自己的能力、性格、情绪、优点和缺点做到恰当、客观的评价，就能不断地改善自己，不断地超越自我。

世界上没有十全十美的选择，我们在选择中通往不同的道路。不管选择什么学校，选择什么职业，都有各自的理由。每一个选择都会带来相应的后果和责任，我们要有勇气自己做出选择，并且为自己的选择担负起责任，这样，我们才能做自己的主人，享受到成功的快乐。

认识中等职业教育

中等职业教育定位就是在九年义务教育的基础上培养数以亿计的技能型人才和高素质劳动者。中等职业教育是目前我国职业教育的主体，主要由中等职业学校实施，招生对象主要是初中毕业生和具有初中同等学历的人员，实行学分制和弹性学制，基本学制以三年制为主。这类学校在对学生进行高中文化知识教育的同时，根据职业岗位的要求有针对性地实施职业知识教育和职业技能训练。

● 就业优势

国务院总理温家宝非常关心职业教育，他说："高技能人才也能获得高薪。社会上对职业教育的一些传统观念，终究会慢慢转变，职业教育就是面向人人、面向全社会的教育。"

职业教育具有无可比拟的两大优势：一是注重实用技术。职中生相比普通高中生在动手能力、实际操作方面具有很强的优势，所学专业和社会需要结合得非常紧密，一旦进入社会，他们就可以利用所学知识一展身手。二是毕业可拿"双证"。根据人力资源和社会保障部颁布的标准，不少工种必须持有职业资格证书方能上岗，比如家用电子产品维修工、办公设备维修工、汽车维修工、西式面点师、计算机操作员、电气设备安装工等。而职业学校的毕业生毕业时就实行两种证书制度，即考核合格后所取得的毕业证的同时又考取相关的职业资格证书，就业后可以直接从事相关的工作。

● 升学

中等职业学校的学生一样可以通过参加高职考试进入大专院校读书深造。普通高中的学生参加普通高考；职业高中、职业中专、普通中专学生参加对口高考。这两类高考均属全国统一组织的高等学校入学考试，录取以后同样在相同的大学学习，毕业证书及待遇完全相同。证书指的是教育部考试中心颁发的英语或计算机等级考试证书，或省教育考试院颁发的省中等职业技术教育专业技能课程考试证书，这些证书在职业学校就读均能够通过努力考取。

对口高考降低试卷难度，是中等职业学校学生的"专利"，是国家为职业学校学生圆大学之梦所制订的一种特别关爱政策。中等及中上等成绩学生上普通高中很难通过普通高考考取大学，但如果上职业学校走对口高考的路子，考取大学则容易得多。

职中生就业前景越来越好

职业学校的毕业生既有一定的专业理论，又有较强的动手操作能力，很多用人单位都反映职中生好用，能上能下，能文能武。因此，就业有很多优势，也很有竞争力。尽管大学生的就业形势严峻，但职中生的就业率这几年一直保持在95%以上。

在经济发达的长三角、珠三角、环渤海经济圈中，从业人员将持续增加，根据统计部门资料显示，2005年至2010年将分别达到834万和850万人。据此，测算出2015年至2020年从业人员将进一步增加到1267万和1284万人，其中，每年需要补充的中职毕业生为50万人左右。例如：

机械制造业：每年需补充从业人员94000人，其中中职学校毕业生为53800人，考虑到汽车工业发展将带动汽车维修等相关职业岗位增加，预计机械制造业业每年对中职毕业生的需求数为24800人。

电子电器制造业：随着长江中下游平原、珠江三角洲制造业发展战略的调整，估计该行业每年新增中职毕业生为10000人左右。

信息产业是长江中下游平原，珠江三角洲经济发展中发展空间最大的行业之一，2004年至2008年，信息产业增加值由212.9亿元增加到402.38亿元。信息业的快速发展需要大量增加从事辅助工作的初级人才。从长江中下游平原、珠江三角洲软件业看，估计对中职毕业生的需求在40000人左右。从信息产品制造业看，估计每年需补充中职毕业生为36000人，再加上计算机服务业的需求数26000人，信息产业每年需补充的中职毕业生数为10.2万人。

电梯业：据统计，全世界平均1000人有 1 台电梯。我国

如要达到此水准，还需新装80万台。到时每年仅报废更新就需要6万台。凭借房屋建设势头红火，电梯市场供需两旺，带动电梯安装维修行业，就业前景一片光明。

适合的才是最好的

经典家教故事

位　置

迈克在求学方面一直遭遇失败与打击，初中快毕业时，校长对她的母亲说："迈克或许并不适合读书，他的理解能力差得让人无法接受，他甚至弄不懂两位数以上的计算。"

母亲很伤心，她把迈克领回家，准备靠自己的力量把他培养成材。可是迈克对读书不感兴趣，为了安慰母亲，他也试着努力学习，但是不行，他无论如何也记不住那些需要记忆的知识。

一天，当迈克路过一家正在装修的超市时，他发现有一个人正在超市门前雕刻一件艺术品，迈克产生了兴趣，他凑上前去，好奇而又用心地观赏起来。

不久，母亲发现迈克只要看到什么材料，包括木头、石头等，必定会认真而仔细地按照自己的想法去打磨和塑造它，直到它的形状让他满意为止。母亲着急，她不希望他玩弄这些东西而耽误学习。迈克不得不听从母亲的吩咐继续读书，但同时又从不放弃自己的爱好，他一直在想做得更好。

迈克最终还是让母亲彻底失望了，没有一所大学肯录取他，哪怕是本地并不出名的学院。母亲对迈克说："你走自己的路吧，没有人会再对你负责，因为你已长大！"迈克知道他在母亲眼中是一个彻底的失败者，他很难过，决定远走他乡去寻找自己的事业。

许多年后市政府为了纪念一位名人，决定在市政府门前的广场上置放名人的雕像。众多的雕塑家纷纷献上自己的作品，以期望自己的大名能与名人联系在一起，这将是难得的荣耀和成功。

最终，一位远道而来的雕塑获得了市政府和专家的认可，在开幕式上，这位雕塑大师说："我想把这座雕塑献给我的母亲，因为我读书时没有获得她期望中的成功，我的失败令她伤心失望，现在我要告诉她，大学里没有我的位置，但生活中总会有我一个位置，而且是成功的位置。我想对母亲说的是，希望今天的我不会让她再次失望。"

这个人当然就是迈克。在人群中，迈克的母亲喜极而泣。他知道迈克并不笨，当年只是她没有把他放对位置而已。

——摘自《史老师心理健康网》

现在的职业学校很多，有公办的和民办的，有重点的和普通的，还有部门办学。在孩子初中毕业前，家长常常会看到种类繁多的招生广告，这时，该怎样选择呢？

第一、要清楚孩子对哪些专业感兴趣。职业学校专业很多，选择自己喜欢的专业才会有热情去学习，当然也必须考虑所学专业对自己今后就业的影响。

第二、必须了解学校性质，是公办的还是民办的，公办学校在收费、教学管理、学生管理上都是相当规范的，并且国家投入也在逐年增加，办学条件也不断得到改善。民办学校则参差不齐。

第三、要看学校的外部条件和内部条件，外部条件即硬件设施，指教学设施、实习设备、食宿的环境等；内部条件主要是指师资力量、教学管理、学生管理等。

第四、要了解学校的招生资格和收费情况。

九年级的学生马上就要初中毕业，面临人生的学业规划，学业规划从一定程度上决定了他们今后的职业之路是否顺利。如果进行通盘的考虑，科学合理的规划学业，选择适合自己发展的学业和职业路线，选择喜欢的专业和学校，那么学起来做起来就能得心应手，人生就会相对比较顺利。

现代社会是人才竞争日益激烈的社会，每个人都应该以自己的优势参与竞争，而不能以自己的劣势与别人的优势竞争。每位学生，都必定有自己的先天优势和特长，有的适合于成为研究型、管理型人才，有的适合成为技能型、实用型人才，还有的具备艺术天分或运动天赋等等。这都需要家长帮助孩子认真思考，准确判断。那么，是选择普高还是选择职业学校呢？在这个时候，我们要牢记：适合的才是最好的。最为关键的是充分地发展、发扬先天优势和特长，将孩子的所学与所长统一起来，在求学时将他们的职业禀赋、职业竞争能力充分地开发出来，实现职业竞争优势。只有这样，才能在未来的社会竞争中立于不败之地，才能为顺利就业奠定基础。

温馨提示

唯有自己才知道自己真正想干什么？适合干什么，能干什么。寸有所短，尺有所长，一个人的成功就是发挥了自己的所长。

附录一　给家长的建议

建议之一　教育孩子，父母只要做三件事

父母对待孩子无外乎三种情况：一是事事管、时时管，做了很多事，效果却不好；二是什么都不管，什么都不做，放任自流，不闻不问，结果更不好；三是也管但不全管，做得不多，但都切中要害，孩子成长一帆风顺。显然，“什么都做”和“什么都不做”都过于极端，失之偏颇，并不可取。杰出的父母从来都选择“有所为有所不为”，更明确地说，只做三件事。

第一件事：培养良好的亲子关系，好的关系胜过任何教育。父母什么时候与孩子关系好，对孩子的教育就容易成功；什么时候与孩子关系不好，对孩子的教育就容易失败。而建立良好的亲子关系，其关键在于“定位”。

1. 不当“法官”，学做“律师”。有些父母看到孩子出了问题，便迫不及待地当起了“法官”，这是很危险的。孩子的内心世界丰富多彩，父母要积极地影响与教育孩子，不了解其内心世界便无从谈起。而了解孩子的第一要诀是呵护其自尊，维护其权利，成为其信赖和尊敬的朋友。即父母对待孩子，要像“律师”对待自己的当事人一样，了解其内心需求，并始终以维护其合法权利为唯一宗旨。

2. 不当“裁判”，学做“拉拉队”。在人生竞技场，孩子只能自己去努力。父母既无法替代孩子，也不该自作主张去当“裁

判”，而应该给予孩子一种保持良好竞技状态的力量，即“拉拉队”的力量。这样更能帮助孩子建立自信心，而这正是家庭教育的核心任务。父母做孩子的“拉拉队”，既要善于发现和赞美孩子，还要引导孩子正确面对失败，在挫折前做孩子的战友。

3. 不当“驯兽师”，学做“镜子”。孩子只有认识自己才能战胜自己，但他们通常只能依据他人的反馈来认识自己，这时父母的“反馈”作用即镜子的作用就很重要了。不做“驯兽师”，学做“镜子”，才能帮助孩子提高自我意识，才能让孩子不害怕父母的“权威”，转而和父母沟通。教育是三分教，七分等。“等一等”是很有用的。比如我们被蚊子叮一下，不管它，很快就会没事，若总去挠，却要很长时间才能好。原因就是人体有一定的自我治愈功能，被蚊子叮一下自己很快就会好，施加外力只会适得其反。教育也是这个道理。停下来，等一等，给孩子倾诉的机会，和孩子有效地沟通，不用教育就能解决问题。

第二件事：培养孩子的良好习惯，好习惯决定孩子的命运。再也没有什么比习惯养成更重要了，父母如果不注重培养孩子的良好习惯，无疑是在葬送孩子美好的未来。

1. 一切从习惯培养开始，养成教育是管一辈子的教育。智育是良好的思维习惯，德育是细小的行为习惯，素质教育更加体现在人的细小的行为上。大量事实证明，习惯是一种顽强的力量，可以主宰人的一生。孩子的一切都从习惯培养开始。

2. 习惯养成绝非一日之功，习惯是个大问题，是大智慧。良好习惯的养成绝非一日之功，其主要原则是：低起点，严要求，小步子，快节奏，多活动，求变化，快反馈，勤矫正。习惯养成关键在头三天，决定在一个月。父母要充分尊重孩子的权利，让孩子在习惯养成中发挥主人作用。

3. 习惯培养铸造品格教育犹如海上行船，必须按正确的航线行驶，否则，船越大越有触礁沉没的危险。人的品质，决定了人的发展方向。家庭教育的一个核心任务就是培养孩子成为一个真正的人。但人格的培养问题通常很难落实到具体操作上来。不过，研究者发现，习惯与人格相辅相成，习惯影响人格，人格更会影响习惯。正派、诚实、责任心、爱心、合作精神、讲究效率等品格都可以通过习惯培养来铸造。

第三件事：引导孩子学会学习，吸引孩子热爱学习。引导孩子学会学习是父母的一项重要职责，也是父母的真正魅力所在。

1. 孩子厌学是有原因的。放任不管，任其潇洒；乱管瞎管，种瓜得豆；唠叨数落，肆意打骂；代替包办，制造“机器”……父母若采取如此种种不明智的做法，只会使孩子越来越不爱学习。孩子不爱学习只是表面现象，背后一定有原因：是没有养成良好的学习习惯？是没有找到孩子最擅长的方面？是没有科学用脑？是父母阻碍了孩子的“玩中学”的天性？是孩子没有意识到学习是他自己的事情……找到背后的原因，才可能帮助孩子走出厌学的阴影。

2. 孩子的求知欲和学习潜能是可以激发的。孩子缺乏求知欲，通常不是父母的影响或者严格要求不够，而是阻塞了孩子的兴趣。兴趣（好奇心）、梦想、成就感、质疑、感恩、发奋、发愤等都是疏通和启发孩子求知欲的通道。而对于孩子来说，所谓竞争优势就是潜能得到有效的开发而已。心情、开窍、暗示、遐想、砥砺、计划是激发孩子学习潜能的六大原则，潜能开发虽没有绝对的“时间表”，但也有步骤，比如建立目标、控制情绪、磨砺意志、专注于一点等都是非常重要的。

3. 孩子考第一是有方法的。“爱学”是“会学”的前提，而“会学”是“爱学”的保证，“会学”才能“学好”。孩子要想考第一，必须要掌握一些具有决定性作用的好方法，如：按计划完成、认真写字、慢慢看课本、整理错题、随手笔记、无私帮助同学、高效率考试、自由自在地作文等。现在很多父母在教育孩子的问题上步入了一个新的误区，即盲信盲从甚至痴迷于所谓成功教子的家教经验，但这些经验听着容易，做起来难。因为它们

没有“可迁移性”，如果只是一味的克隆、模仿，不但不能落实到自己孩子的身上，反而容易“邯郸学步”，适得其反。最有用的真东西是需要静下心来思考、提炼的。教育孩子并没有父母想象的那样复杂，抓好了亲子关系、习惯培养、学习这三件大事，父母成为杰出的父母，孩子成为杰出的孩子，就都不是遥远的梦想了。

建议之二　家长的十个坏习惯会毁掉孩子

为什么父母的苦心付出不能得到优良的回报，当真我们的孩子都是白眼狼吗？如果你是一个充满困惑的家长，又或者你是一个不希望未来遭遇这种困惑的家长，请你和我们一起，拨开这团困惑的迷雾，看到迷雾后面藏着的真相。

1. 寄予孩子很高的期望且追求完美。通常的说法是期望越高失望越大，为了不使自己失望，只能给孩子不断地施压。在这种情况下，孩子会迎合家长、迎合老师甚至迎合社会评价成为一个“优秀”的孩子！这样的优秀，往往忽略了孩子本身的需求。“优秀”是一把双刃剑！当孩子为了家长的期许不断迎合的时候，他就失去了自我，他的生命状态不再自在和流畅！他只能紧紧地抓住他付出了这么大的代价得来的“优秀”！这样“优秀”的孩子，是一枚炸弹！随时会被引爆，不是炸伤别人，就是炸坏自己！有一个统计数字，大学中有心理疾病的孩子，有23%在初高中被公认是“优秀”者。

2. 孩子不令自己满意时贬损他、责罚他。其实孩子不能让父母满意的时候已经很负疚，这个时候最需要来自父母爱的陪伴、协助和支持。父母忽略孩子的感受被自己的情绪支配，只想着：你是我的孩子，你要给我脸上贴金，你要让我有面子，你不能丢我的脸！然后用你自己奇多的规条和框框来束缚孩子。但是孩子往往越束缚越叛逆，你越管，他越不要听！给孩子一些空间，让孩子在负疚的状态下仍然可以得到爱，孩子才会有顺从以及有自我负责的可能。在孩子做了令你不那么满意而他自己也深知的事情时，无言地陪伴，单纯地给予孩子爱的支持显得更重要！

3. 拿自己的孩子跟别人比。这是所有家长的通病。专家认为当你把“比较”的枷锁套给孩子，孩子就永远无法幸福。

4. 有条件地满足孩子的需要。你考第一名就买旅游鞋！你进入前五名我们就全家去旅游！很多家长都把这个视为一种对孩子合理开明的奖惩举措！殊不知，这带给孩子潜意识的讯息是：符合爸爸妈妈的标准，才是被爱的。然后孩子会为了得到父母的爱付出失去自己的代价！

5. 数落孩子的不是。家长最乐意数落孩子、教导孩子！教导是每个家长都尤其热衷的一件事情，有人从教导中感受到自己的威严，有人从中体会征服的快感。全不管孩子是在嘴上服气，还是心里服气！然而，最好的教是“不言之教”。数落孩子的不是，不是让孩子失去自信就是让孩子丧失自尊。

6. 预言孩子没出息。预言孩子没出息有两种后果，一是你越说他没出息，他越没出息，完全丧失斗志和学习能力，最终实现你的预言！另一种孩子，你越说他没出息，他越要证明自己有出息，但是一辈子活在“证明”中，失去自我，也丧失了生活的智慧和让自己幸福的智慧。有一个农村长大的女孩子，她上面有个哥哥。从小父母就偏爱哥哥，认定哥哥比她有出息。她心里很委屈、很不服气。所以自我砥砺，一定要争口气给父母看看，看看她是不是能把哥哥比下去。后来她果然比哥哥成绩还好，考上大学，有不错的工作，成家立业。但是因为把大量的时间和精力用在证明给别人看，久而久之令她的丈夫忍无可忍，要和她离婚……

7. 代替孩子做选择。孩子的心理独立期有三个阶段，分别是3岁、9岁和12岁。小的时候，孩子自己吃饭，父母应关怀而不干涉，不要说你都吃到衣服上了，我来喂吧！再或者孩子想穿什么衣服你也要代为选择！还有不声不响为孩子报了钢琴班，都是不智之举。家长总是在用“自己的头脑”操控孩子，但是忽视了代替的过程就是剥夺孩子成长的过程。你剥夺了孩子某方面的成长，孩子就丧失了某方面的能力。

8. 限制孩子做他想做的事。父母喜欢说：不要这样，不要那样！然而孩子的天性是，你越不要我这样，我越要怎么样！

9. 总是担心孩子。不认为孩子有控制能力，不认为孩子其实可以！所以——你得到不想要的结果最好的办法，就是去担心！你担心孩子早恋，孩子一准早恋;你担心孩子网瘾，孩子一定网瘾！有个妈妈在孩子还上小学一年级的时候，就在经过一间网吧时警告孩子：看见没，这是网吧，很多孩子一进去就变坏了，你可不能进去！一天又一天，一开始孩子不明白，但是心里好奇极了，终于有一天孩子忍不住，要走进这间网吧看看。再后来孩子网瘾了！孩子是否自信，取决于父母对待他们的态度。

10. 不相信孩子。不相信孩子的根源是父母不相信自己。当孩子对妈妈说：没事，我一个人在家写作业，你去忙吧！妈妈一关上门就想，孩子一定在家玩电脑呢！这样的反应会让孩子觉得父母不信任我、不喜欢我、不尊重我！不相信孩子就是在毁灭了孩子的自尊。父母总是努力把自己的孩子朝着成功的方向培养，致力于培养孩子成“才”，而忽视了孩子要先“成人”的问题。以至各种各样的问题孩子越来越多。专家认为：父母教育孩子的过程，就是把自己的状态调整到平静和喜悦的过程，平静和喜悦的状态就是爱！教育孩子的过程，也是心量拓宽的过程！改变孩子很容易，当你“容”下孩子时，孩子就“易(改变)”了！父母小小的改变，孩子大大的不同。他会一点一点从父母那里学会“比较”，并且用“比较”杀掉自己的自信，让自己永远被“比较”来的“痛苦结果”所折磨。家长应该相信自己的孩子是优秀的！每个孩子都自有一份属于他的优秀之处！不要用“比较”杀伤孩子的自尊了！

● 教育篇

1. 每天花半个小时和孩子交流。

2. 和孩子在家也要使用文明用语，“早上好，请，谢谢，晚安”等等。

3. 让孩子养成爱卫生的好习惯。

4. 多听听孩子的声音！——用耐心、用爱心、用开心，心是长着眼睛的！

5. 不要为了提醒孩子，而总是揭孩子的伤疤。

6. 严肃指出孩子的错误！

7. 不要总对孩子一本正经，要多和孩子一起欢笑：因为笑声能让孩子更加热爱生活；引导孩子积极、轻松愉快的看待事物。

8. 给孩子讲故事，要有耐心，故事有一定的教育意义。

9. 不要把当年未曾实现的理想强加在孩子身上，想让孩子去实现。

10. 关爱孩子但适当时候适当的惩罚也是需要的，不要护孩子的短。

11. 教育并不一定只是讲道理，有时适当可以采取一些强硬的措施。

12.结合孩子的表现，每天思考至少一个关于孩子成长的问题。

13. 对孩子进行艺术教育，培养孩子高雅的审美情趣，注意引导、丰富孩子的感性认识，在大自然中加深孩子的情感体验，是非常有益的。

14. 对于幼儿时期的孩子，不要让他们长时间地和自己的父母住在一起，隔代更亲，不利于教育。也许没有科学道理，但绝对适用。

15. 注意培养孩子的善心。古人云：勿以恶小而为之，勿以善小而不为。

16. 教会孩子微笑，微笑面对生活的一切，微笑面对人生。

17. 对孩子不要乱许愿，承诺的事情想尽一切办法也要兑现。

18. 要常换位思考！对孩子的所做、所想等家长应常换位思考，假如我是孩子的话，我将会怎样？

19. 给孩子一定的空间和自由，同时给一定的压力和责任！

20. 向孩子说明，他本身已经很可爱了，不用再表现自己。

21. 从来不说孩子比别的孩子差。

22. 绝不用辱骂来惩罚孩子。

23. 在孩子干的事情中，不断寻找值得赞许的东西。

24. 不要吓孩子。以免造成孩子过分胆小、怕事。

25. 不要当众批评和嘲笑孩子，以免造成心理畸形，失去自信心等。

26. 不要对孩子过分严厉，以免孩子惧怕、害羞不敢发表自己的观点，养成面善心恶的性格。

27. 不要过分夸奖孩子，以免孩子养成“沽名钓誉”的不良习气。

28. 不要暗示孩子做不良的事。比如，打架一定要打回来、自己的东西不给别人吃，乘车不购票等。

29. 让孩子正确树立心目中的偶像。

● 成长篇

1. 给孩子一些私人空间。

2. 给孩子选择的机会和权利。

3. 让孩子自由选择自己的伙伴、朋友。

4. 让孩子做想做的事。

5. 让孩子做一些力所能及的家务，如洗洗自己的衣服、烧水煮饭等，让他意识到自己是家庭成员中的一分子。

6. 为孩子准备一个陈列架，让他在上面展示自己制作的物品。

7. 认真对待孩子提出的问题和看法。

8. 把孩子当作成人一样，和他平等相处，把孩子当成自己的朋友。

9. 及时发现孩子的点滴进步，懂得赏识孩子。

10. 记得对孩子说：我爱你，你是我的宝贝！

11. 记得经常亲吻你的孩子，抱抱他（她），摸摸他（她）的头，让他（她）知道你的爱！

12. 随时关注他（她）的进步，并也让他（她）自己知道自己的进步！及时发现孩子的点滴进步，懂得赏识孩子。

13. 多与孩子沟通，了解孩子，与孩子同行。

14. 不要给孩子贴上“笨”的标签。

15. 家长要耐心地倾听孩子的烦恼。

16. 要学会真诚地赞美孩子，而不是像对宠物一样说句“你真聪明”。

17. 让孩子经常有机会和他的同伴在一起。

18. 关心孩子的身体健康，更关注孩子的情感需要。

19. 先成人再成才，教育的根本目标是培养人，一个健全的人。

20. 在生活中创设一些困境，和孩子一起度过。

21. 鼓励孩子尽量不依赖成年人。

22. 了解孩子有哪些朋友，这很重要。

● 生活篇

1. 给孩子一些钱，让孩子学会理财。

2. 没有得到孩子的许可，不要看孩子的日记与信件。

3. 经常和孩子郊游。

4. 睡前给孩子讲讲故事，让孩子笑着入睡！

5. 给孩子一个主要供他玩耍的房间或者房间的一部分。

6. 如果有条件，每天晚饭过后和孩子到户外散散步。

7. 快乐与孩子一起分享！

8. 对孩子开心地笑，并希望他（她）也常笑！

9. 帮助孩子与来自不同社会文化阶层的孩子正常交往。

10. 鼓励孩子与各种年龄的人自由交往。

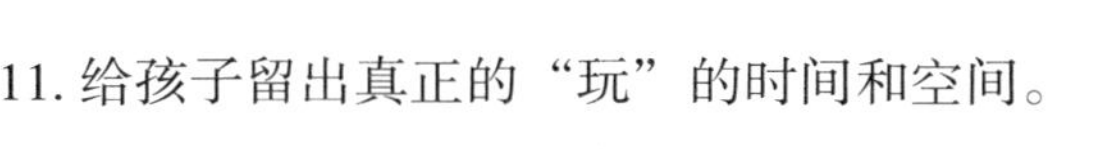

11. 给孩子留出真正的“玩”的时间和空间。

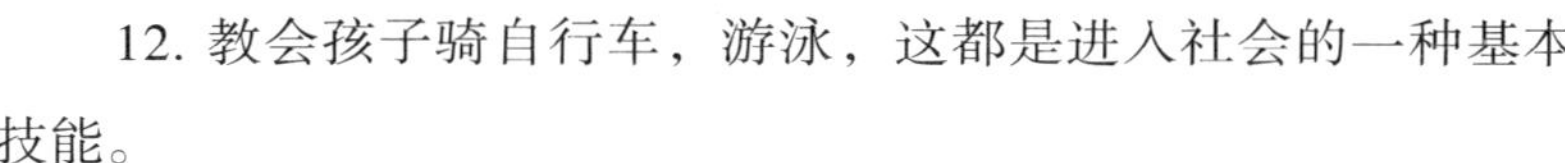

12. 教会孩子骑自行车，游泳，这都是进入社会的一种基本技能。

13. 每天早上与孩子相互问候，让他感受到美好的一天的到来。

14. 夫妻实在要吵架，请一定要记住：避开孩子。

15. 每天下班回家看到孩子，首先微笑着问他一遍：孩子，你今天快乐吗?

16. 不给他留有太多的物质遗产，给他一个健康的身体，给他一个健康的心理，一个快乐的人生。

17. 着重进行孩子的生活能力和行为习惯的培养。

18. 只要与创作有关，不要责备孩子房间里或者桌面上乱。

19. 父母对自己的双亲要孝敬有加，让孩子觉得家中充满了爱，同时父母也是他们值得学习的榜样。

20. 父母之际间要互相谦让，相互谅解。

21. 不要太关心孩子。“自己的事情自己做”，以免孩子养成以我为中心的坏习惯。

22. 不要太亲近孩子。让他与年龄相仿的孩子多交往，以免孩子养成性格孤僻的恶习。

23. 不要孩子要啥买啥。让他知道“劳动与所得、权力与义务”的关系，以免孩子养成好逸恶劳的许多性格。

24. 生活中的困难以及一些家庭大事有时可以和孩子商量商量。

25. 对孩子的爱要稳定，不要一会儿晴，一会儿阴。

● 学习篇

1. 和孩子一起读书，家长可以看看报，一个好的学习伙伴很重要。

2. 孩子在家学习，家长切莫搞一些娱乐活动，一个舒适的学习环境很重要。

3. 不要逼孩子学自己不喜欢的东西。

4. 不要因为孩子的成绩而责骂孩子。

5. 不要因为孩子试卷上的低分而认为孩子没有出息。

6. 教他（她）足以带来成就感的知识：古诗、数字、故事、家务、玩耍、交朋友……

7. 教育孩子读好书、好读书。

8. 不要对孩子的学习成绩表示太大的关注，那样会造成孩子学习紧张，压力增大。

9. 不要把孩子的成绩与其他孩子相比，要分析一下造成这种现象的原因，反思一下有没有自己的责任。

10. 孩子的房间要有自己的书桌，书桌上要有几本自己爱看的书籍，如《格林童话》、《伊索寓言》等。

建议之四　安全永远是第一

中学生的安全教育工作，关系到孩子的未来，家庭的幸福，社会的和谐。家长作为孩子的第一监护人，要依法履行职责，切实做好其安全教育工作。

● 严格监控孩子按时上下学

如果孩子在正常时间内没有到家，家长应及时与班主任取得联系，防止孩子在校外发生意外。有研究表明：正常情况下，学生在路上所用时间与其成绩有一定关联，即路上耽误的时间越多，则成绩越差。

● 教育子女遵守道路交通法规，安全行走，安全骑车，安全乘车

行走时，不在公路、铁路上玩耍，扒车，追车，拦车，抛物击车，随意横穿；红灯停，靠右行，横过车行道走斑马线。骑车时，要先检修车闸车铃；不载人，不双手离把，不扶肩并行，不互相逗逐，不曲线行驶，不街头猛拐，不攀扶车辆，不在人行道上骑车；离家2千米以内上下学时，不让未满16周岁学生骑电动车，不让未满12周岁学生骑自行车。乘车时，不坐无牌无证车；

不坐农用货运车；不坐超载酒驾车；不在车行道上招呼出租车；不携带易燃易爆等危险品上车；车行驶中，不将身体任何部位伸出车窗外；车未停稳前，不跳车。

● 加强对孩子人身安全防范教育

教育孩子慎交友、交益友；不让孩子与社会闲杂人员来往，防止成群结伙，寻衅滋事；如与他人发生矛盾要及时报告家长老师；孩子外出要告知家长，未经家长允许不得在外留宿；不让子女私自结伴外出。提醒孩子不到环境危险和治安复杂的地方游玩；不到街头摊点上摸奖。教育孩子不进游戏厅、网吧、台球室、录像室等娱乐场所；远离黄赌毒。孩子有事外出尽量不要夜行、独行。遇到抢劫，应以保护自身生命安全为首要原则，不要过多顾及财物损失，同时向他人呼救并及时报警。严禁孩子携带管制刀具或其他凶器。

● 经常对孩子进行消防安全教育

生活中引起火灾的主要因素有：用火不慎，用电不慎，用油不慎，用气不慎，吸烟不慎，玩火，燃放烟花爆竹等。家长要教育孩子去公共场所和乘坐公共交通工具，不带火种或易燃易爆物品（如烟花、爆竹、汽油、酒精等）；禁止孩子野外点火，不带火种进山，更不在山林地区吸烟。一旦发生火灾，要迅速拨打“119”电话报警，并立即组织人员扑救。扑救时，先救人后救物，先断电后灭火。扑救森林火灾，中小学生不得参加，以防发生不必要的人身伤亡。楼房火场逃生，要用湿毛巾、衣物等捂住口鼻，低姿行进，以免受呛窒息；逃生时，忌用电梯。

● 加强对孩子食品安全教育

让孩子养成饭前便后要洗手，生吃瓜果要清洗等良好个人卫生习惯，防止病从口入；严禁孩子购买“三无”（无产地，无生产日期，无保质期）食品饮品；不食街头巷尾小摊小贩食品；不喝生水，科学饮食。

● 教育孩子有效防范自然灾害

外出时，遇到雷雨天气，要及时躲避，不在空旷野外停留；若空旷野外无处躲避，应尽量寻找低凹地（如土坑）藏身，或立即下蹲，双脚并拢，双臂抱膝，头部下俯，降低身体的高度；如手中有导电物体（如铁锹、金属杆雨伞等），要迅速抛到远处，千万不能带着这些物品在旷野中奔跑。遇到雷电天气，一定不能到高耸的物体（如旗杆、大树、烟囱、电杆等）下站立。遇大风或沙尘天气，不在广告牌、老树、腐树下停留，以免被砸伤。遇雷电暴雨天气，应关闭手机、电视等用电设备。遇地震发生时，先就近躲避，震后迅速撤离到安全地方；避震应选择室内结实且能掩护身体的物体下（旁），最好选择空间小、有支撑的三角空间。

● 高度重视对孩子的心理健康教育

家长要经常关注孩子的思想动态，注意孩子情绪变化，遇到问题积极沟通疏导。家长应身体力行，引导孩子养成良好习惯，增强法制观念，提高防范意识，珍爱生命，健康生活。

附录二　21 世纪最需要的七种人才

关于人才的标准从来都不是一成不变的，在东方的战国时代和西方的骑士时代里，最受器重的是力敌万夫的勇士和巧舌善辩的谋臣；在中国的科举时代里，靠着“死记硬背”和“八股文章”而金榜题名的书生最容易出人头地；在西方工业革命风起云涌的日子里，善于用机器的力量改变世界的发明家以及那些精通专业、埋头苦干的工程师成了所有人才中的佼佼者。

但时光荏苒，在21世纪这个机遇稍纵即逝、环境瞬息万变的世界里，更多的人拥有了选择和决策的权利，更多的人需要在不断学习和不断创新中完善自己，也有更多的人拥有了足够施展自己才能和抱负的空间。人们需要更多的独立思考、自主决策，人们也需要更加紧密地与他人沟通、合作。

一、融会贯通者

自古以来中国的学生就懂得勤奋学习、刻苦攻读的道理。勤奋学习本身是很好的，但很多学生却错误地认为，勤奋学习的目的就是获取特定的文凭或优越的成绩。一些学校和老师也把大量精力花在如何培养“考试机器”上面。甚至有辅导老师对同学们说：“你们考前尽量背知识点，考完就尽快忘掉，不然，你们无法应付接踵而至的繁重课程。”这种把考试和文凭当作学习的唯一目标的做法是极其错误的。今天，社会发展日新月异，知识换代的速度越来越快，许多工作都需要在更为复杂多变的环境中解决更具有挑战性的问题，绝非死记硬背得到书本知识就可以应付。如果只为了文凭和考试而学习，不掌握真正有效的学习方法，那么，即便获取了文凭和好的成绩，也一定无法跟上时代的节拍，并会在今后的工作中成为“陈旧”的落伍者。

学习的四种境界应当包括：

1. 熟能生巧。在老师的指导下学习，掌握课本上的内容，知道问题的答案。

2. 举一反三。具备了思考的能力，掌握了学习的方法，能够举一反三，知其然，也知其所以然。

3. 无师自通。掌握了自学、自修的方法，可以在没有老师辅导的情况下主动学习。

4. 融会贯通。可以将学到的知识灵活运用于生活和工作实践，懂得做事与做人的道理。

融会贯通是学习的最高境界，21世纪最需要的也是能够在学习上融会贯通，在实践中应对自如，善于思考、推理和应用的人才。

二、创新实践者

现代社会离不开创新，因为无论是对一个社会还是对一个企业，创新都是唯一能够长期持续的竞争优势。从根本上说，价值源于创新。创新以及由创新引发的产业和技术革命所能够创造的价值要远远大于重复性劳动所能创造的价值。正因为如此，几乎所有现代企业都把创新摆在企业发展的最核心位置，包括中国在内的绝大多数发展中国家也都把自主创新视为可持续发展的根本动力。

三、跨领域融合者

21世纪是各学科、各产业相互融合、相互促进的世纪。对人才的要求也由传统的专才转向了跨领域、跨专业的综合性人才。

事实上，跨领域、跨专业也是社会发展的内在需要。现代社会在各专业领域得到充分发展之后，就势必会对不同专业、不同领域的协作与集成提出更高的要求。

四、三商兼高者

一个人能否取得成功，不只要看他的学习成绩或智商（IQ）的高低，而要看他在智商（IQ）、情商（EQ）、灵商（SQ）这三个方面达到了均衡发展。也就是说，21世纪的人才需要在以下三个方面表现均衡，才能满足现代企业对人才的需求。

1. 高智商。高智商不但代表着聪明才智，也代表着有创意，善于独立思考和解决问题。前面谈到的融会贯通、创新、跨领域思考都是“二十一世纪”高智商的代表。

2. 高情商。情商是认识自我、控制情绪、激励自己以及处理人际关系、参与团队合作等相关的个人能力的总称。在高级管理者中，情商的重要性是智商重要性的9倍。

3. 高灵商。高灵商代表有正确的价值观，能否分辨是非，甄别真伪。那些没有正确价值观指引、无法分辨是非黑白的人，其他方面的能力越强，对他人的危害也就越大。

五、沟通合作者

国家的合作是外交，公司的合作是商业协议，人与人的合作则可能是跨国界、跨领域、跨公司的。所以，要成为21世纪的人才，就必须学会与人沟通合作。 沟通与合作能力是新世纪对人才的基本要求。在21世纪，我们需要的是“高情商的沟通合作者”，因为跨领域的项目会越来越多，几乎没有项目是一个人可以做出的。所以每个人必须和别的领域的人合作。 高效能的沟通者善于理解自己的听众，能够使用最有效率的方式与听众交流，能够把复杂的信息用简单的方式表达。

六、热爱工作者

做自己热爱的工作，不但会更投入，更快乐，也会因为投入和快乐而得到最好的结果。如果他能找到一个符合理想、兴趣的方向，而且又善于学习和积累，那他的前途就无可估量了。要想找到自己的激情，你首先要找到你的理想，树立人生的目标以及各阶段的目标，对自己的未来进行认真规划。然后，寻找自己的兴趣，激发自己的激情。热爱自己的工作，做自己喜爱的工作。如果你对兴趣不确定，那就保持一颗好奇的心，多多尝试。

七、积极乐观者

今天，如果不能抱着乐观的态度，主动把握机会甚至创造机会，机会也许就再也不会降临到你的身边，如果不能主动让别人了解你的能力与才干，你也许就会永远与你心仪的工作无缘。21世纪是一个信息充分共享，个人能力得以充分释放的世纪。千百年来，人们很少能像今天这样拥有如此众多的选择的机会，也很少能像今天这样可以如此充分地把握自己的命运。